KB190531

세움
문학
05

2023 세움북스 신춘문예 작품집

단편소설 · 수필

세움북스 는 기독교 가치관으로 교회와 성도를 건강하게 세우는 바른 책을 만들어 갑니다.

 세움 문학 5

2023 세움북스 신춘문예 작품집

단편소설 · 수필

초판 1쇄 인쇄 2023년 9월 15일
초판 1쇄 발행 2023년 9월 20일

지은이 | 윤덕남 외 9인
펴낸이 | 강인구

펴낸곳 | 세움북스
등 록 | 제2014-000144호
주 소 | 서울시 종로구 대학로 19 한국기독교회관 1010호
전 화 | 02-3144-3500
이메일 | cdgn@daum.net

디자인 | 참디자인

ISBN 979-11-91715-90-3 (03230)

세움 문학 05

단편소설 · 수필

2023 세움북스 신춘문예 작품집

윤덕남	문옥미
박제민	김재원
박현정	윤한나
김유미	오혜림
김영호	김수현

세움북스

제3회 세움북스 신춘문예

세 번의 해가 바뀌는 동안 멈추지 않고, 많은 분들의 관심과 사랑 속에 제3회 세움북스 신춘문예 작품집으로 독자들을 만나게 됨이 기쁨입니다.

작품들의 완성도가 한 층 더 높아진 것을 실감할 수 있었습니다. 작은 걸음이지만 기독교 문학의 의미 있는 한 걸음이 이어지고 있습니다.

이번 대회는 많은 분들의 후원으로 좀 더 풍성하게 진행할 수 있었습니다. "함께"의 가치로 기독교 문학의 "푸른 시절"을 일구고 있습니다.

우리 모두가 주인공입니다.

발행인 강인구

차례

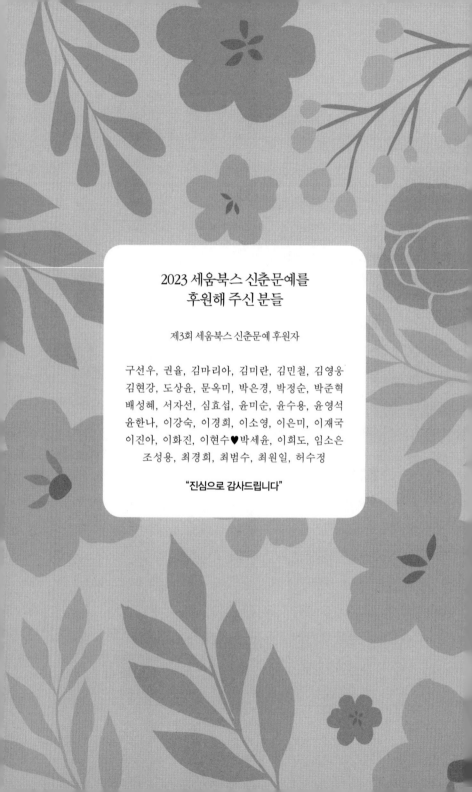

기독교 단편소설 심사평

심사위원 허성수 작가

(소설가)

'기독교 소설'은 기독교나 기독교 신앙을 소재 혹은 주제로 하는 소설을 뜻한다고 볼 수 있다. 소설 문학은 인간의 삶에 대한 문제를 흥미 있는 이야기로 구성해 독자들에게 제시하고서 함께 해결책을 모색하는 것이 중요한 기능 중 하나라고 생각한다. 그렇다면 기독교 소설은 인생 문제에 대한 해법을 복음을 통해 제시할 수 있는 훌륭한 수단이 될 수 있다.

하지만 기독교 작가들이 이런 의도를 노골적으로 드러내려다가 자칫 오류에 빠지기 쉬운데, 가장 빠지기 쉬운 오류는 소설을 설교나 간증으로 삼는 일이다. 기독교를 배경이나 주제로 삼더라도 직접적으로 복음의 메시지를 전하게 되면 소설의 미학적 기능은 상실되고 만다. 성경 구절이나 기독교 용어를 반복하면서 결말이 뻔한 은혜 위주의 이야기를 전개한다면, 아무리 크리스천 독자라도 외면하기 마련이다. 신앙인으로서의 갈등, 교회나 사회 문제 등 무슨 이야기를 쓰든 치밀한 구성을 통해 독자를 긴장시키며 끝까지 읽어 나갈 수 있게 스토리를 전개해 나가야 한다. 다시 말해서, 완성도 높은 소설로써 기독교 세계관이나 구원관을 간접적으로 제시해야지, 직접적으로 설교나 간증을 해서는 안 된다는 것이다.

이런 생각을 갖고서 2023 신춘문예 공모작을 읽어 보았다. 접수된 작품은 대부분 오랜 습작을 통해 단련된 문장력으로 꽤 높은 수준을 보여 주어 심사자를 기쁘게 했고, 그중에 좋은 작품을 선별하는 것이 힘들기도 했다. 그중 1차로 골라낸 작품은 〈그 어느 특별한 봄의 이야기〉, 〈밸런스 게임〉, 〈세상 속으로〉, 〈알록달록 스카프〉, 〈도피성〉, 〈이름〉, 이렇게 6편이었다.

그중에서 가장 돋보이는 수작은 〈이름〉이었는데 담임 교사와 1학년 고교생 23명이 버스를 타고 '청소년 드림 캠프'를 가다가 사고가 나는 장면이 세월호 침몰 사고를 연상케 하는 소설이었다. 아주 노련한 이야기꾼으로서의 자질을 엿볼 수 있었지만, 기독교와는 무관한 일반적인 인간의 실존 문제를 다루고 있다는 점에서 배제할 수밖에 없었다.

〈도피성〉은 구약 시대 가나안을 배경으로 한 작품으로서, 작가의 고고학적인 지식과 함께 하나님이 의도치 않게 살인한 자도 안전하게 지켜 주신다는 메시지를 흥미 있게 구성한 점이 돋보였다. 하지만 심사자는 우리가 살아가는 현시대를 배경으로 쓴 기독교 소설에 더 가점을 주기로 하고 아쉽게도 〈도피성〉은 선외가작으로 선정하였다. 나머지 네 편이 현대 기독교인의 실존 문제를 다루는 데다가 수준도 높았기 때문이다.

〈그 어느 특별한 봄의 이야기〉는 딸이 대학에 입학하는 모습을 대견스럽게 바라보는 화자가 20여 년 전 선교 단체 사역자였던 첫 남편과 실패한 결혼 생활을 회상하면서 지금의 남편과 재혼한 후 치유받고 되찾은 행복에 대한 고백이다. 이야기 구성이나 전개 과정이 전체적으로 무난한데도 딸이 다니는 대학 교정에서 화자가 첫 남편이 사역했던 대학교의 선교동아리 출신 여학생이 대학 교수가 되어 우연히 만나 옛 추억을 공유하게 되는 설정은 다소 작위적이다. 결말 부분에서 하나님이 사람을 사용하시는 방식에 대해 설교투로 결론을 짓는 것도 옥의 티가 아닐 수 없다.

〈알록달록 스카프〉는 화자가 교회학교 중등부 학생의 관점에서 학생들끼리 의견 차이로 인한 갈등에 대해 파란 스카프를 통해서 흥미 있게 풀어냈다. 중등부 문예지에 새로 들어온 기자 연아와 편집 방향에 대한 의견 차이로, 화자는 처음에 그를 질시하게 되지만 두 사람이 일치하는 부분도 있었다. 바로 화자의 스카프를 보는 눈이다. 다른 아이들은 알록달록 스카프, 물방울 스카프, 꽃무늬 스카프…등으로 부르는데, 연아는 화자 자신이 평소 애칭하는 '파란 스카프'라고 불러 주었다. 이로 인해 화자는 연아에게 친밀감을 느끼며 화해하게 되는데, 이러한 설정이 재미있다. 다만 소설 도입부에 '들어가며', 결말 부분에 '나오며'라고 부제를 붙여 작가가 이 소설을 쓰는 의도와 교훈적인 해설을 달아 놓았는데, 이는 불필요한 군더더기다. 특히 공모를 위한 작품으로서는 결정적인 흠으로 작용하니 이를 절제할 필요가 있다.

〈밸런스 게임〉도 재미있다. 화자인 예은이 평소 짝사랑했던 은석 오빠가 인도 선교사로 나가게 되자 자신은 선교에 대한 소명 의식이 없어 그와 결혼하지 못하고, 은석 오빠는 인도 아삼주에서 선교 활동을 하던 중 힌두교도들에게 습격당해 중상을 입고 그의 아내는 순교한다. 예은이는 어쩔 수 없이 국내로 돌아오는 은석 오빠의 재혼 상대가 될 것이라고 기대했지만 실망하고 만다. 그에게는 인도 여자가 있었다. 그러나 은석 오빠는 인도를 포기하지 않았다. 다시 뉴델리로 사역지를 바꿔 선교 활동을 시작했다. 놀랍게도 예은이가 뒤늦게 사명을 깨달았는지 은석 오빠의 아내가 순교한 인도 아삼주를 택해 선교사로 떠나는 내용이다. 다만 이 소설의 단점이라면, 도입부 서두에 항상 선택의 문제를 놓고 쉽게 결정하지 못하는 화자 자신의 우유부단한 성격에 대한 내적 성찰, 혹은 독백이 너무 장황하다는 점이다. 차라리 1장의 모든 내용을 통째로 날려 버리고서 2장부터 글을 시작해도 무방할 것 같다.

〈세상 속으로〉는 화자가 신학대학 입학 동기였던 유진석 선교사가 터키에서 사역하던 중 이슬람교도로부터 순교를 당한 후 국내의 모교로 보내온 그의 유품을 정리하면서 고인이 남긴 일기와 과거 학창 시절 남다른 사명감에 불탔던 그의 모습을 그리고 있다. 불필요한 군더더기 없이 과거와 현재를 오가며 유 선교사와 관련한 삽화를 적절하게 배치해 선교 현장에서 맞닥뜨리는 도전과 선교사의 인간적인 고뇌를 담담하게 보여 준다. 성자와 같이 매우 헌신된 선교사 유진석에 대한 이야기이지만, 작가는 그의 신앙을 해석하거나 설명하지 않는다. 그의 평소 모습을 묘사하고 여러 가지 소품을 통해 그의 삶을 보여 주며 절제된 문장으로 소설 미학적 가치를 높였다. 작가의 오랜 습작을 통해 쌓은 내공을 엿볼 수 있는 탁월한 소설이다. 감히 이 작품을 대상으로 미는 이유이다.

그 밖에 선외가작으로 예심에서 심사자에게 강렬한 인상을 줬던 〈엄마가 죽었다〉를 추가로 뽑았다.

2023년 세움북스 신춘문예

기독교 수필 심사평

심사위원 송광택 목사

(출판 평론가, 한국교회 독서문화 연구회 대표)

수필을 정의한다면 "형식의 제약을 받지 않고 개인적인 서정이나 사색과 성찰을 산문으로 표현한 문학 양식"이라고 말할 수 있다. 수필은 개성적이며 고백적인 문학이어서 작가의 개성이 짙게 드러난다. 또한 제재 선택에 제한이 없어 느낀 것과 생각한 것은 무엇이나 다 자유자재로 서술할 수 있다.

수필은 일기체 · 서간체 · 기행문 또는 담화체도 쓰이고, 소설이나 희곡처럼 구성상의 제약을 받지 않는다. 내용 면에서도 인간이나 자연의 어느 한 가지만 다룰 수도 있고, 여러 가지를 함께 다룰 수도 있다.

수필 심사에 있어서 관심을 가지고 보는 것은 주제와 구성과 문체, 그리고 소재이다. 주제는 글쓴이가 나타내려는 중심 생각이나 사상 또는 인생관을 말한다. 구성은 글쓴이의 의도에 따른 제재를 적절하게 배열하고 결합시키는 것을 말한다. 문체는 독특한 개성이나 사상이 나타나 있는 문장의 특색을 말한다. 소재는 주제를 구현하기 위해 선택한 소재를 말한다.

2023 제3회 세움북스 신춘문예 '수필' 부문에는 총 19편의 작품이 심사 대상에 올랐다. 아쉽게도 대상 작품을 고를 수는 없었으나, 개성을 생생하게 나타내면서도 예술적으로 승화시키는 데 일정한 능력과 수준을 보여 준 글들이 있었다.

우수작 〈서로에게 구원이 되는 책방〉은 팬데믹 상황 속에서 책을 매개로 복음의 접촉점을 만들어 가는 '작은 교회' 개척 이야기를 진솔하고도 담담하게 풀어냈다.

또 다른 우수작 〈온기에 대한 고찰〉은 인간관계에서 생명과도 같은 '온기'라는 키워드를 중심으로 끈기를 가지고 사색한 후 의미 있는 결과물을 내놓았다.

또한 가작 〈광야를 지날 때 원점으로 향하기〉, 〈그녀의 전화〉, 〈새 생명 자매 모임〉도 일정한 수준의 글쓰기 내공을 드러내고 있다.

수필은 특별한 형식이 없이 자유로운 글이지만, 그렇다고 해서 짜임이 멋대로인 글은 아니다. 형식을 따르지 않는데도 질서가 있고 어그러지지 않은 정갈함을 갖고 있어야 한다. 때로는 작가의 심미적 안목과 철학적 사색의 깊이가 드러나기도

한다.

수필은 단순한 생활의 기록이나 객관적 진리의 서술이어서
는 문학으로서의 가치를 갖지 못한다. 그것을 통해 삶의 의미
가 드러나야 한다. 또 유머와 위트까지 있다면 금상첨화가 아
닐까.

세움북스 신춘문예가 해를 거듭하면서 따뜻한 마음과 빛나
는 지성을 지닌 문인들을 많이 배출하길 기대하고 기도한다.

1

___

단편소설

단편소설
대상

세상 속으로

윤덕남

1

대강당 입구에 세워진 두상(頭像)에 그의 골분(骨粉)이 들어 있다는 괴이한 소문이 있었다. 두상은 청동으로 주조된 것으로 눈과 코는 어느 정도 과장되어 보였다. 밤에 보면 두 눈이 살아난 것처럼 보인다는 말도 돌았다. 두상 밑에는 그의 이름과 그의 출생 연도, 그리고 그의 사망 연도가 정교하게 새겨져 있었다.

유진석(1969–2000)

그는 순교자의 반열에 들어섰으며, 대학교 창립 이래 선교사를 선망하는 자들의 상징이 되었다. 학교 내에서 그를 기리기 위한 기념관을 세워야 한다는 교수와 목사들의 청원이 첫발을 내딛게 된 것은 올해 초였다. 나는 도서관장의 뒷바라지를 하는 관계로 그의 가족이 보낸 유품들을 정리하게 되었다. 대부분이 책이었는데, 신학과 철학 그리고 문학 서적들이었다. 영어로 된 원서들도 있었는데, 선교와 종교에 관한 서적들이었다. 그리고 특이한 유품으로는 선교지에서 찍은 듯한 사진과 필름들이었다. 그리고 스탬프가 찍힌 편지들이 있었고 검은 노트가 책들 사이에 끼워져 있었다.

내가 그를 처음 만난 것은 대입 면접 고사 때였다. 똑같이 신학과에 지원한 그와 나는 면접 고사 전날 기숙사에서 하룻밤을 묵게 되었다. 서울에서 내려온 그는 스물다섯으로 나보다 다섯 살이 많았다. 나는 서울에 있는 한 대학교에 지원했다가 낙방하여 재수생으로 지낸 처지였다. 그는 입시 준비를 고작 몇 개월밖에 못 했다면서 입시 결과에 초조해하는 것 같았다. 지원자가 많은 탓에 그와 나의 면접 고사 시간은 당일 오후에 잡혀 있었다.

학교 식당에서 저녁 식사를 마친 후 별다른 할 일이 없었던 우리는 따뜻하게 데워진 기숙사 방바닥에 누워 면접 고사에 관한 이야기를 나누었다. 예상 질문부터 예상 밖의 질문까지 이것저것을 나누던 우리는 면접 고사와 관련이 없는 이야기로 번져 갔다. 그가 상의 주머니에서 손바닥만 한 수첩을 끄집어냈고 수첩 사이에 끼워져 있는 사진 한 장을 보여 주었다. 사진은 흑백 사진이었다.

"세 마리의 낙타가 보이지요? 그리고 흑인도 보일 거예요."

사진의 배경은 사막이었고 한 흑인으로 보이는 사람이 세 마리의 낙타를 끌고 어딘가로 가고 있었다. 사막은 거의 희게 보였고 낙타 세 마리와 흑인은 흑과 백이 섞여 있었다. 흑인은 낙타 등에 타지 않았고, 낙타 등에는 아무것도 없었다.

"낙타 세 마리와 흑인이 어디로 가고 있는 것 같아요?"

그의 질문은 참으로 난해하게 들렸다. '쉽게 다가온 것은 물이나 쉴 곳을 찾아가는 것이 아닐까?' 하고 생각해 보았지만, 사진을 자세히 바라보니 낙타 세 마리를 끌고 가는 흑인은 고개를 숙이고 있었다. '하늘에 뜬 태양이 너무나도 뜨거워 지친 나머지 고개를 숙이고 있는 것은 아닐까?' 하고 생각했다.

"나는 사막에 가고 싶어요. 낙타처럼 갈 곳을 잃은 영혼들을 천국으로 인도하는 선교사가 되고 싶어요."

그의 목소리는 매우 단호하면서도 의지가 다분히 묻어 있었다. 나는 손에 잡고 있던 사진을 그에게 건네주며 두 손을 포개어 베개로 삼고는 천장을 바라보았다. 천장에 달린 전등은 마치 내 마음을 그대로 보여 주었다. 내가 하고 싶고 내가 가고 싶은 모든 것들이 산산이 추락해 버린 것처럼, 죽은 날벌레들이 전등 속에 들어 있었다.

2

소강당에 모인 면접자들은 보이지 않는 경계심을 품고 있었다. 오전과 오후로 나누어진 대기자들은 자판기에서 뽑은 뜨거운 커피가 미지근해질 때까지 종이컵을 감싼 채 긴장감을 추슬렀다. 책을 펼쳐 놓고 자신의 순서를 기다리는 사람도 있었다. 남자와 여자의 비율은 대체적으로 남자가 더 많았다. 고등학교를 곧 졸업할 사람들 속에서 그와 나는 어딘지 모르게 늙어 보였다. 그보다 더 나이 든 자도 있었다.

나는 소강당에서 빠져나와 학교를 둘러보기로 했다. 내 순서는 오후 중에서도 한참 뒤였다. 고등학교를 곧 졸업할 사람들이 우선순위로 정해진 것 같았다. 나 같은 재수생들이나 고령자들은 뒤로 밀린 것 같았다.

학교는 몇 년 전 대전 도심에서 유성 외곽으로 이전하였기에 새 건물들이었다. 학교 정문과 가까운 곳에 대강당과 널따란 주차장이 보였고, 어느 정도 걸어 올라오다 보면 본관과 도서관이 자리 잡고 있었다. 그리고 'ㄷ'자 모양을 한 강의동을 비롯해 소강당, 식당, 매점, 학생 복지관이 도서관 바로 옆에 연결되어 있었다. 그리고 약 5분 정도 걸리는 곳에 남자 기숙사와 여자 기숙사가 있었고 기숙사 앞에는 운동장과 테니스장이 놓여 있었다.

1월 중순이라 학교에 부는 바람은 차가웠다. 눈이 녹지 않은 곳도 보였다. 도서관 입구는 다른 곳들에 비하여 학교의 중심 자리처럼 느껴졌고, 도서관으로 들어가니 넓은 로비와 열람실이 배치되어 있었다. 도서관은 위로 올라갈수록 작아지는 5층 건물이었다.

학교 식당에서 점심을 먹고 소강당으로 돌아가니 재학생들이 무대에 올라 찬양을 부르고 있었다. 면접 대기자들은 박수를 치면서 찬양을 따라 불렀다. 그도 박수를 치면서 찬양을 부르고 있었는데 나를 보더니 손짓을 했다. 나는 그의 옆에 앉고 싶지 않았지만 어쩔 수 없이 그의 옆자리에 앉았다. 반절 이상이 빠져나간 소강당에 남아 있는 사람들은 찬양을 부르며 반가운 눈빛을 보였지만, 가슴에 품고 있는 경쟁심이 사그라진 것은 아니었다.

그와 나는 면접 고사실에 함께 들어갔다. 면접 고사실에는 세 명의 면접관이 있었고 두 개의 의자가 놓여 있었다. 면접관들은 신학과의 교수들이었다.

"유진석 군은 선교사의 소명을 가지고 있군요. 마음에 두고 있는 선교지는 있습니까?"

면접관들 중에서 가운데 앉아 있는 흰 머리에 눈이 큰 면접관이 말했다.

"예, 저는 하나님으로부터 소명을 받았습니다. 제가 신학과에 지원한 것도 바로 이 소명을 위해서입니다. 제가 가고자 하는 선교지는 터키입니다."

그는 주저함이 없이 뚜렷한 목소리로 말했다.

"터키라면 터키어를 배워야 할 텐데. 스물다섯이라는 나이에 힘들지 않을까요?"

가운데 앉은 나이 든 면접관은 조금은 집요하게 물었다.

"저는 터키에서 1년 동안 일한 적이 있습니다. 제가 맡은 일은 영어로 통역하는 일이었습니다. 1년 동안 터키에 있으면서 터키어를 어느 정도 배울 수 있었습니다."

흰 머리의 면접관은 매우 만족스러운 듯 두 눈이 반짝거렸다. 바로 옆에 앉아 있던 면접관은 미소를 지으며 말했다.

"올해 3월부터 선교 센터가 세워지는데 유진석 군도 그곳에서 훈련을 받으면 되겠군요."

침묵하고 있던 젊은 교수가 나에게 물었다.

"김수현 군은 교육 목사가 되고자 왔군요. 2지망에 기독교교육학과를 지원했네요. 그런데 왜 재수를 했지요?"

나는 뜨끔했다. 예상 밖의 질문이었다.

"저는 작년에 신학과가 아닌 다른 과에 지원했다가 떨어졌습니다. 사실 저도 선교사가 되려고 외국어학과에 지원했었습니다. 그러나 기도하면서 신학을 공부하여 목사가 되는 것이 하나님의 뜻이라는 것을 깨달았습니다."

나는 거짓말을 하고 있었다. 젊은 교수는 웃는 얼굴을 짓더니 나에게 말했다.

"김수현 군처럼 늦게 깨닫는 자들도 있어요. 하나님은 일찍 깨닫든 늦게 깨닫든 모두를 사랑하시죠."

면접 시간은 약 15분 정도였다. 세 명의 면접관은 아주 예리한 질문들을 토해 놓았다. 그는 이미 준비되어 있었지만 나는 어딘지 모르게 부족했다. 내가 쓴 지원서에서 무엇인가를 발견한 듯 면접관들은 나의 부족한 부분들을 하나둘 드러냈다. 면접실을 나오는 나의 발걸음은 무겁고 피곤했다.

3

그는 2000년 7월 터키 이스탄불에서 죽었다. 다른 국적의 선교사들과 잠시 체류한 후 선교지로 떠날 날만을 기다리던 중이었다. 일요일 밤 예배를 마치고 저녁 식사를 하던 중 괴한들이 들이닥쳤다. 괴한들은 선교사 네 명을 의자에 묶은 뒤 칼로 무참히 찔렀다. 선교사들은 다음 날 발견되었는데, 선교사들이 기르던 고양이가 한 선교사의 피 묻은 손을 핥고 있었다. 그는 수많은 곳이 칼에 찔렸다.

2000년 4월 4일. 꽁꽁 얼어붙은 감이 서서히 녹으면서 매우 지독한 허연 서리가 감을 감쌌다. 뜨거운 커피가 커피잔 안에

둥근 갈색 원을 그릴 때까지 감은 허연 서리를 벗지 않았다. 감 꼭대기가 짙은 주홍빛으로 변하면서 감은 자신을 완전히 헌신할 순간이 되어 갔다. 헌신은 머리부터 시작하여 밑바닥까지 이르는 것이다. 그 지독한 의심과 부정 그리고 자신감에 충실했던 그 단단한 머리가 서서히 녹으면서 부드러운 헌신을 입었다.

어머니가 떠나는 자식을 위해 준비한 얼어붙은 대봉(大峯)은 나의 과거와 현재를 고스란히 보여 주었다. 나는 부드러운 감을 떠먹으면서 나의 미래를 맛보았다. 그 얇은 껍질까지도 먹었더니 감꼭지만 남았다. 이것은 무엇일까? 모든 것을 다 바치고 헌신하였는데 아직도 버리지 못한 것이 남아 있단 말인가? 보잘것없는 꼭지, 의심의 덩어리, 죄의 찌꺼기, 아직도 다 믿지 못하는 불신앙의 실체, 나의 의지가 만들어 놓은 자의식.

부활절 밤에 김포공항을 떠나 날아온 이스탄불은 새벽이었다. 어스름한 하늘에 스며 있는 푸르스름한 색깔은 이국적인 풍경이었다. 낯선 이국인들 사이에서 나를 기다리고 있던 사람은 터키 선교의 전초 기지인 이스탄불의 선교 센터에서 온 사람이었다. 미국 국적의 사무엘은 나를 포옹하면서 한국말로 "안녕하세요."라고 말했다. 사무엘은 대학교 시절 선교 센터에서 만난 강사였다. 34살인 사무엘의 아버지는 미국에서 목회를 하고 있었다. 한국에서 훈련을 받는 동안 사무엘은 터키

현재 시각을 자주 물어보았다. 시차는 7시간으로 4월은 서머 타임이라 6시간의 시차가 있었다.

"물은 유료, 빵은 무료."

사무엘은 선교 센터로 향하는 자동차 안에서 터키 생활의 첫 번째 규칙을 말해 주었다. 그리고 한국 선교 센터에서 경험한 몇 가지 기억들을 끄집어냈다. 늦은 오후 6시마다 나는 선교 센터에 갔다. 내 손에는 영어 성경 NIV가 쥐어져 있었다. 사무엘은 강의실에 찾아온 선교사 지망생들에게 우유와 빵을 나누어 주었다. 사무엘은 항상 먹을 것을 준비하고 있었다. 국산이 아닌 미국산 제품들이었다. 우유와 빵만은 국산이었다. 늘 한 장의 인쇄물을 나누어 주었고 강의는 시작되었다.

"지금은 이곳에 있지만, 내일은 이곳이 아닙니다."

사무엘은 선교와 관련된 성경 구절들을 외우게 했다. 인쇄물에는 빈 공간들이 있는 성경 구절들이 있었다. 성경을 펼치고 살펴보면서 빈 공간에 필요한 영어 단어들을 채워 넣었다.

이스탄불 선교 센터는 터키 내에서 활동하고 있는 선교사들과 소통하면서 필요한 출판물들을 보내 주고 있었다. 물품 중에는 터키어 성경이 포함되어 있었다. 선교 센터에는 세 명의 선교사가 있었다. 사무엘과 다니엘은 미국인으로 같은 교단에서 선교사로 파송된 자들이었고, 루이스는 독일인으로 미국에서 사무엘과 다니엘과 합류한 자였다. 나는 이스탄불에서 이들의 활동을 돕다가 내가 소청한 하란으로 떠날 예정이었다. 하란은 시리아와 가까운 곳으로 아브라함의 고향이다. 하란에는 나를 기다리고 있는 김 아모스 선교사가 있었다. 김 아모스 선교사는 나와 같은 신학대 출신으로 터키에 온 지 3년이 되었다.

아잔[1] 소리가 들릴 때마다 나의 의식은 곤두섰다. 터키를 위해 기도해 왔던 순간들이 떠오르면서 나는 자연스럽게 기도를 했다. 손에 잡히는 터키어 성경마다 기도의 숨결을 불어넣었다. 사무엘은 한 마리 고양이를 가슴에 품고 나타났다. '소피아'라는 이름을 가진 고양이는 온몸이 검었지만 입가와 가슴은 희었다. 작은 그릇에 한 줌의 사료를 주자 소피아는 날카로운 이빨로 깨물어 먹었다.

네 명의 일과는 단순했다. 아침 기도회를 마치면 아침 식사를 했고, 개인 일과와 공동 일과가 주로 이루어지면서 저녁 기도회를 마치면 저녁 식사를 했다. 그리고 밖에 나갈 때는 두 명씩 움직였다. 터키의 96퍼센트는 이슬람을 믿고 있었다. 다른 중동 나라들에 비하여 터키는 세속적인 나라였지만 이슬람교도들은 영향을 받지 않았다. 여전히 자신들이 믿는 신에게 종속된 사실을 자랑스럽게 여겼다.

---

1 아잔(azân): 일반 이슬람교에서 예배 시각을 알리기 위하여 큰 소리로 외치는 일.

"우리가 믿듯이 저들도 그렇게 믿어요. 아니 우리보다 더 극단적이지요."

이스탄불 선교 센터는 신시가지와 구시가지 중 구시가지에 있었다. 관광 지역과는 떨어진 곳이라 상점들과 집들이 좁은 도로 사이에 분포되어 있었다. 동쪽으로 걸어가면 가죽 제품 판매점들이 줄지어 서 있었고, 서쪽으로 걸어가면 식료품점과 약국이 나왔다. 그리고 남쪽에는 케밥 전문점이 있어 외식할 때는 그곳을 찾았다. 북쪽으로는 재활의학과 의원이 있었다. 그리고 고등학교와 모스크가 그리 멀지 않은 곳에 있었다.

4

군복을 입고 기숙사에서 하룻밤을 묵은 적이 있었다. 휴가를 나와 마땅히 갈 곳이 없어 대학교 기숙사에 들른 것이었다. 기숙사 생활을 1년 마친 후 군에 입대한 나를 알아본 학교 친구들은 많았다. 자신의 방에서 자라며 청하는 친구들이 많은 탓에 잠잘 곳은 문제가 되지 않았다. 사실 기숙사 수칙으로는 하룻밤을 묵을 수 없는 처지였지만 관장님이 특별히 허락해 주셨다. 내가 기숙사에서 어떤 역할을 담당하고 있었는지 누구보다 잘 알고 있던 분은 관장님이었다. 기숙사 임원들과 친분을 쌓은 나는 기숙사의 뒷바라지를 도맡아 했다. 기숙사 임원들은 거의 목사나 장로 아들들이었기에 나는 그런 자들과 친분을 쌓고 싶었다.

내가 잠을 청하려고 3인실 기숙사에 누워 있을 때 그가 찾아왔다. 나는 문 앞에서 그가 내미는 작은 카드를 받았다. 그는 4학년이었고 이제 졸업식이 끝나면 터키로 날아갈 몸이었다. 그가 준 카드에는 터키를 배경으로 한 그의 얼굴 사진과 기도 제목들, 그리고 카드 뒷장에는 후원 계좌 번호가 적혀 있었다. 그는 터키로 떠난다며 기도해 달라고 부탁하면서 내게 손을 내밀었다. 그의 손은 작고 따뜻했다.

그날 밤 기숙사 친구들로부터 그의 이야기를 들었다. 그는 기숙사 문이 닫힐 때 들어오고 기숙사 문이 열릴 때 가장 먼저 나가는 사람이었다. 그는 새벽예배 때 마지막까지 남아 기도하였고 도서관 열람실에 제일 먼저 들어가 자리를 잡았다. 그는 친구들의 입에서 '초인'으로 불리고 있었다. 나는 초인이라는 말을 들었을 때 철학자 니체가 떠올랐고, 니체가 말한 낙타와 그가 보여 주었던 흑백 사진의 낙타 세 마리와 흑인이 떠올랐다. 내가 기숙사에서 생활하고 있을 때부터 그는 기숙사에 맴도는 소문을 독차지했었다. 한 친구가 내일 새벽예배 때 그가 설교한다는 사실을 알려 주었다. 기숙사에서 생활하는 신학과 4학년생은 새벽예배 설교를 담당하고 있었다.

새벽 적막을 깨우며 기숙사에 울리는 노랫소리는 군에서

울리는 기상 노랫소리와는 달랐다. 나는 새벽예배에 참석할 필요는 없었지만 자리에서 일어났다. 세면실과 화장실이 있는 곳까지 걸어가면서 나는 기숙사 학생들과 마주쳤다. 앳된 얼굴들 사이로 군에서 보았던 얼굴들이 스쳐 지나갔다.

기숙사에서 새벽예배 장소인 대강당까지는 약 7분 정도를 걸어가야 했다. 11월의 싸늘한 새벽 공기가 입안으로 들어가 허연 입김이 되어 뿜어져 나왔다. 나는 군복을 입은 상태라 남자 기숙사와 여자 기숙사에서 쏟아져 나온 남녀 학생들의 시선은 내게 쏠렸다. 운동장과 테니스장을 지나 강의동과 도서관 광장을 걸어가는 동안 학생들은 허연 입김을 연거푸 뿜어냈다. 마치 거무스름한 물속을 헤엄쳐 가는 물고기 떼 같았다.

대강당은 약 1,000여 명이 앉을 수 있는 공간이었다. 약 300명에 가까운 기숙사 학생들은 대부분 앞자리에 앉아 환하게 밝혀진 무대를 바라보았다. 널찍한 무대 중앙에는 설교자를 위한 강대상이 놓여 있었다. 거의 모든 예배들이 실시되는 공간이라 조명과 음향 시설은 잘 갖추어져 있었다. 나는 맨 뒷자리에 앉아 위층에 있는 음향실을 떠올렸다. 기숙사에서 내가 맡았던 임무 중에는 새벽예배 때마다 음향실에 올라가 무대 조명을 밝히고 음향 시스템을 준비하는 동시에 설교 시간에 설교자의 설교를 녹음하는 일이 포함되어 있었다.

대강당 내부는 바깥보다는 그리 춥지는 않았지만 불안한

냉기가 있었다. 뒷자리에 설치되어 있는 온풍기 소리가 들렸지만, 내부의 온도는 따뜻하지 않았다. 무대 조명만 밝혀진 상태라 그 외의 자리는 어둠이 뒤섞여 있었다. 300여 명에 가까운 학생들은 눈을 감은 채 묵상을 하기도 하고 다시금 잠을 청하기도 했다. 대강당에 가득 찬 침묵은 금방이라도 깨어질 유리창처럼 투명했다.

무대 중앙에 놓여 있는 강대상을 향해 누군가 걸어가는 소리가 들렸다. 양복 차림을 한 한 남학생이 강대상 마이크에 입을 대고 "지금부터 새벽 예배를 시작하겠습니다. 다 같이 묵도하겠습니다."라고 말했다. 무대 가장자리에 놓여 있는 그랜드 피아노가 한 여학생의 손가락에 의해 연주되었다. 제법 익숙한 찬송가 곡조가 뒷자리에 앉아 있는 나에게까지 닿았다. 찬송이 연주되는 동안 남학생은 성경 구절을 읽었다. 묵도가 끝나자 두 명의 남학생이 무대로 올라와 사회를 보던 남학생과 피아노 곡조에 맞추어 찬송을 불렀다. 세 명의 남학생은 전부 양복 차림이었다. 노래가 끝나자 두 명의 남학생은 무대를 내려갔다. 사회를 보는 남학생은 오늘 우리가 들을 설교의 성경 구절이라며 요한복음 17장 18절을 읽었다. 남학생도 무대를 내려가자 그가 강대상에 섰다. 그는 양복 차림이었는데 마른 모습이었다. 그의 얼굴은 창백하게 보였다.

"사회와 찬송으로 이 자리를 빛내 준 방 식구들에게 감사합니다. 그리고 피아노를 연주해 준 후배에게도 감사합니다. 저는 오늘의 설교 제목을 '세상 속으로'라고 정했습니다. 'Into the world' 예수님은 이 세상에 오셔서 말씀하셨습니다. 나는 너희들을 세상에 보낸다. 그러나 우리는 이 말씀을 오해해서는 안 됩니다. 예수님은 우리를 무작정 세상에 보내시지 않습니다. 아무것도 없는 텅 빈 가슴으로 세상에 보내시지 않습니다. 예수님은 우리에게 사명을 주십니다. 그 사명을 가지고 세상에 가라고 하셨습니다."

"우리는 분명히 예수님께서 주신 사명 때문에 이곳에 있습니다. 그리고 우리가 가야 할 곳은 바로 세상입니다. 더 분명히 말해 '세상 속으로'입니다. Into the world. 우리는 예수님을 만나야 하고, 예수님으로부터 사명을 받아야 하고, 그 사명을 가지고 세상 속으로 가야 합니다. 세상, 사명 그리고 예수님을 알아야 우리는 내가 가야 할 곳을 알게 됩니다. 세상이 무엇인지, 사명이 무엇인지, 예수님이 누구신지를 분명히 알아야 합니다. 그래야 세상 속으로 들어갈 수 있습니다."

"제 별명이 무엇인지 알고 있습니다. 방 식구 중에서 가장 어린 식구가 알려 주었습니다. 이 별명이 참으로 저에게 어울리는 것인지 알 수는 없지만, 제 별명을 들은 후 저는 니체를 생각했습니다. 여러분들이 알고 있듯이 니체는 신은 죽었다고 말했습니다. 니체는 세상도 모르고 사명도 모르고 예수님도 모르는 자 같습니다. 그러나 여러분들 알고 있습니까?"

"니체는 어릴 때 누구보다도 성경 구절을 가장 많이 외우고 있던 자였습니다. 어린 니체는 성경 구절과 찬송가를 기막히게 암송했습니다. 니체는 옛 프로이센인 독일의 루터교 목사의 아들이었습니다. 그런데 니체는 여러분이 알고 있듯이 신은 죽었다고 말했습니다. 여러분들도 한 번쯤은 들어본 책 제목일 것입니다.《자라투스트라는 이렇게 말했다》이 책이 바로 니체가 쓴 책입니다. 철학자 야스퍼스는 이《자라투스트라는 이렇게 말했다》라는 책에 대하여 이렇게 말했습니다. '철학과 문학과 예언이 일체를 이루고 있는 이 책은 삶과 인간과 세계를 생각하려면 꼭 읽어야 할 책이다.'"

"니체는 세상을 몰랐습니까? 니체는 예수님을 몰랐을까요? 아닙니다. 니체는 누구보다도 세상을 잘 알고 있었고, 예수가 누구인지를 잘 알고 있었습니다. 그러나 니체는 신은 죽었다고 말했습니다. 무신론자의 발언을 거침없이 내놓은 것입니다. 니체는 '자라투스트라는 이렇게 말했다'라는 책에서 이렇게 말했습니다. '신은 어디로 갔는가, 내가 그것을 가르쳐 주리라, 우리가 신을 죽여 버린 것이다. 그대들과 내가…. 신은 죽었다.' 니체는 그저 차분하게 말하고 있는 것이 아닙니다. 니체는 설교하고 있는 것이 아닙니다. 니체는 이 책을 통해 아주 큰 소리로 외치고 있습니다. 어디에서 이런 강한 신념이 나왔을까요? 어디에서 이런 외침을 갖게 되었을까요? 무엇이 이렇게 니체를 외치게 하고 있는 것일까요?"

"이렇게 외치게 된 것은 니체가 세상을 너무나 잘 알고 있었기 때문이었습니다. 그리고 니체는 기독교를 너무도 잘 알고 있었습니다. 그래서 고대 페르시아인이었던 조로아스터교의 창시자인 자라투스트라의 말로 외치고 있는 것입니다. 저는 니체가 알고 있던 그 당시의 세상을 조목조목 말하고 싶지 않습니다. 저는 니체가 알고 있던 철학과 문학과 자라투스트라의 말로 외치고 있는 예언을 말하고 싶지 않습니다. 나는 여러분들에게 묻고 싶습니다. 여러분들은 왜 이곳에 있습니까? 여러분들은 초인이 되기 위해서 이곳에 있습니까?"

그가 보여 주었던 흑백 사진이 떠올랐다. 세 마리의 낙타와 흑인. 흑인이 세 마리의 낙타를 어디로 데리고 가고 있는지 알 수 있었다. 세상의 사막을 지나 하나님께서 기다리고 계시는 세계, 그곳이었다. 흑인은 뜨거운 사막을 거닐다 지쳐 있는 것 같았지만 세 마리의 낙타들을 하나님의 세계로 인도하는 데 조금도 지치지 않음이 분명했다.

"니체는 '최초의 인간은 낙타'라고 말했습니다. 그 낙타는 사자로 변한다고 말했습니다. 긍정의 상징인 낙타가 부정의 상징인 사자로 말입니다. 그리고 이 긍정과 부정을 동시에 할 수 있는 새로운 정신은 바로 어린아이의 정신이라고 말했습니다. 그리고 니체는 궁극적인 인간이 바로 초인이라고 말했습니다. 저는 내년 졸업식을 마치면 터키로 떠나게 됩니다. 여러분들 중에도 저와 같은 길을 걷고자 터키가 아닌 다른 나라로 떠나게 될지도 모릅니다. 저는 터키가 보입니다. 저는 사막이 보입니다. 그리고 길을 잃어버린 자들이 뜨거운 사막을 방황하는 모습이 보입니다. 제가 이렇게 말할 수 있는 것은 초인이기 때문이 아닙니다. 낙타에서 사자가 되고 어린아이의 정신을 가지고 있기 때문이 아닙니다."

그의 목소리는 강하고 아름다웠다. 대강당에 앉아 있는 자들에게 말할 수 없는 메시지를 전달하고 있었다. 그는 조금도 약해 보이지 않았다. 그는 이미 선교사의 자질을 갖추고 있었다.

"나는 초인이 아닙니다. 나는 결코 초인이 아닙니다. 제가 여기에 있는 것은 예수님이 제게 주신 사명이 있기 때문입니다. 그 사명 때문에 저는 세상 속으로 들어갑니다. Into the world."

"마지막으로 니체의 말과 예수님의 말씀을 전하고 이 설교를 끝내고자 합니다. 니체는 《자라투스트라는 이렇게 말했다》의 맨 마지막 문장에서 이렇게 말했습니다. '자라투스트라는 이렇게 말하고 어두운 산 위에서 솟아오른 아침의 태양처럼 불타오르면서 씩씩하게 그의 동굴을 떠났다.' 오늘의 본문인 요한복음 17장 18절에서 예수님은 이렇게 말씀하셨습니다.

'아버지께서 내게 사명을 주셔서 세상에 보내신 것처럼 나도 그들에게 사명을 주어 세상에 보냅니다.[2]'"

5

2000년 4월 27일. 나는 분명히 그들을 보았다. 아무리 지우려고 해도 지울 수 없는 과거의 유령들이 나타났다. 어떻게 그들이 이곳에 있을까? 어떻게 그들이 내 눈앞에 있는 것일까? 내가 잘못 본 것은 아닐까? 내가 헛것을 본 것은 아닐까? 그들은 나를 알아본 듯한 눈치였다. 그들은 분명 식사를 다 마치지 못하고 일어났다. 세 명 중에서 한 명의 눈빛은 내 목을 조르고 있었다.

2000년 4월 28일. 악몽을 꾸었다. 아무리 기도를 하려고 해도 기도를 할 수 없었다. 어느새 내 가슴은 불안과 두려움이 물들었고 참을 수 없는 분노가 달라붙었다. 아잔 소리가 내 가슴을 파헤치고 있다. 지독한 불안의 울림이었다. 이곳을 떠나야 할지도 모른다.

2000년 4월 29일. 누구에게도 말할 수 없는 일. 나는 이 과거를 묻기 위해 수많은 기도를 했다. 내 머릿속에서 완전히 지

---

[2] 유진 피터슨의 『메시지』 요한복음 17장 18절 중에서

워 달라고 그렇게 기도했다. 자꾸만 시간은 거꾸로 흘러가는 것 같다. 너무나도 빠르게 과거로 달려간다. 기도의 문은 닫혀 있고 내 생각들은 숨을 멈춘 듯 차갑고 어둡다.

나는 시리아 국경과 가까운 터키의 하란에서 일을 하고 있었다. 미국인이 경영하는 작은 회사에서 내가 맡은 일은 통역이었다. 간단한 영어 회화를 알아듣는 터키인들에게 영어로 지시를 내리는 일이었다. 내가 맡은 일은 대단한 것이 아니라 "일을 시작하세요.", "점심 식사하세요.", "다시 시작하세요.", "이곳은 이렇게 하세요." 등등의 업무 지시를 하는 것이었다. 나는 1년 계약직이었고 터키인들과 다를 것이 없었다. 10여 명에 가까운 터키인들은 대부분 대학교를 다니다가 잠시 학업을 중단하고 학비를 벌기 위해 들어온 젊은 사람들이었다. 나와 비슷한 나이의 학생들로 우리는 제법 친하게 지냈다. 함께 식사도 하고 함께 축구도 했다. 그들처럼 나도 학비를 벌기 위해 뛰어든 몸이었다.

이스마일, 알리, 아흐멧과는 고향 이야기를 나누었고 양말이나 팬티도 스스럼없이 나누어 입곤 했다. 주말에는 시리아 국경까지 찾아가 시리아 사막을 여행할 꿈을 꾸었다. 시리아 사막에 가고 싶다고 말한 사람은 이스마일이었다.

"터키에 없는 것이 시리아에 있어. 모래사막! 사막에 있는 팔미라 신전이지."

회사는 하란이라는 곳이 기독교인과 이슬람교도들에게 성지나 다름없는 곳이라는 것에 주목했다. 그래서 관광 사업을 위해 기초 작업을 펼치고 있었다. 시리아와 연결된 관광 사업도 구상하고 있는 것 같았다. 하루하루가 지루하지 않았다. 이스마일은 자신의 여동생 사진을 보여 주면서 2002년 월드컵이 열리면 한국에 여행을 가고 싶다고 말했다. 알리와 아흐멧도 축구 이야기를 하면서 터키가 한국보다 더 잘한다고 말했다.

계약이 만료되는 날짜가 다가오고 있을 때, 우리는 마지막 추억을 만들기 위해 시리아 사막으로 여행을 떠났다. 회사 사장은 우리 네 사람에게 특별한 선물이라며 15일 관광 비자를 마련해 주었다. 하란에서 아카칼레까지 버스로 25분 정도를 달려갔고, 터키와 시리아의 국경선을 넘어 시리아의 텔 아비아드에서 버스를 탔다. 텔 아비아드에서 팔미라, 빨미흐까지는 약 5시간 정도가 걸렸다. 버스 차창으로 바라본 시리아는 터키에서 보았던 것과는 완전히 다른 풍경이었다. 그리고 팔미라는 사막 중심에 세워진 도시였다.

팔미라 버스 정류장과 가까운 식당에서 오므라이스와 비슷한 음식을 먹었는데 꽤 맛있었다. 바깥 온도가 너무 뜨거워 식당에서 아이스커피를 마셨다. 나보다 세 친구가 더위를 더 탔다. 우리는 얼음이 든 콜라도 마셨다. 이스마일은 팔미라 관광 지도를 펼쳐 놓고 벨 신전이니 원형 극장이니 하면서 오후 8시

가 되면 볼 수 없다고 말했다. 오후 6시쯤에 낙타를 타면 좋을
것 같다고 덧붙였다.

6

그의 유품인 필름 중에는 흑백 사진으로 보았던 낙타 세 마리
와 흑인의 필름이 있었다. 칼라로 인화해 보니 낙타 세 마리와
흑인의 사진은 여러 장이었다. 칼라 사진으로 본 낙타 세 마리
의 등에는 피로 보이는 붉은 것들이 보였다. 그리고 흑인으로
알았던 사람은 바로 그였다. 그의 손은 붉게 물들어 있었다.

　　그들은 인간이 아니었다. 그들은 총구를 머리에 들이대며
우리를 사막으로 끌고 갔다. 낙타 세 마리로 장사를 하던 시리
아인이 먼저 그들의 칼에 찔려 죽었다. 그리고 이스마일과 알
리 그리고 아흐멧이 터키인이라는 것을 알고는, 터키인들은
세속인들이라고 말했다. 그들 중에서 한 사람이 영어로 나에
게 어디에서 왔냐고 물었고 내 종교가 무엇이냐고 물었다. 시
리아인이 모래에 묻히는 것을 본 나는 한국 사람이라고 말한
뒤 아무런 종교도 가지고 있지 않다고 말했다. 나는 기독교인
이었지만 사실을 말하지 않았다.

　　그들은 자신들을 '알라의 후예들'이라고 말했다. 이스마일
과 알리와 아흐멧은 칼에 찔려 죽었다. 그들은 잔인했다. 그들

은 나에게 죽은 이스마일과 알리와 아흐멧을 낙타에 실으라고
했다. 그들 중에서 한 사람은 우리가 가지고 있던 소형 카메라
로 나의 행동을 찍고 찍었다. 이스마일과 알리와 아흐멧은 온
몸이 피로 물들어 있었다. 낙타의 등에 실린 이스마일과 알리
와 아흐멧은 여러 번 모래 바닥으로 떨어졌다. 나는 다시금 이
스마일과 알리와 아흐멧을 낙타 등에 실었다. 어느새 내 손은
피로 얼룩졌다.

그들은 잔인한 살인에 불과한 자신들의 업적을 세상에 알
리고 싶은 것 같았다. 어둠이 사막을 물들이고 서늘한 공기가
몰려왔다. 그들은 이제 떠날 거라면서 나에게 낙타 세 마리를
가지고 돌아가라고 했다. 그리고 자신들이 한 일들을 모두 알
리라고 말했다. 그들 중에서 사진을 찍고 있던 자가 마지막 사
진을 찍은 후 나에게 카메라를 내밀었다.

나는 눈물을 흘리며 사막을 걸었다. 낙타들은 너무나도 순
종적이었다. 내 손은 붉게 물들어 있었다. 걷고 걸었지만 길은
나오지 않았다. 나는 사막에서 길을 잃은 것이 분명했다. 밤이
지나자 새벽이 왔고 새벽이 지나자 아침이 왔다. 나는 희미하
게 보이는 오래된 신전을 보았다. 거대한 돌기둥들만 서 있는
신전은 아침 햇살에 서서히 드러났다. 그곳으로 걸어가면 나
는 구원을 받을 수 있을 것 같았다.

사막에서 찍힌 사진과 필름 그리고 검은 노트는 아주 시커

먼 연기와 지독한 냄새를 뿜어냈다. 검은 노트는 희뿌연 연기를 일으키더니 즉각적으로 빨간 불꽃이 피어올랐다. 그 빨간 불꽃도 거침없이 파랗고 녹색에 가까운 불꽃으로 변했다. 그리고 조금 지나자 노란 불꽃이 일어나더니 투명한 불꽃이 되어 이글거리는 아지랑이 같은 불꽃이 되었다. 노트를 감싸고 있던 겉면이 여러 가지 색깔을 만들어 낸 장본인 같았다. 노트의 낱장들은 겉에서부터 속까지 타들어 가면서 오그라들더니 검은 숯처럼 까맣게 변모했다. 검게 타들어 간 낱장들은 살랑살랑 춤을 추더니 조각조각 부서지면서 검은 나비들이 되어 날아가는 것이 아니라 산산이 흩어졌다. 검은 나비들이 순식간에 조각조각 부서졌다. 불꽃이 사라지고 검게 타 버린 낱장들이 차근차근 부서지면서 바람이 흘러가는 곳으로 흘러갔다. 참으로 공허한 순간이었다.

매년 7월 말이 되면 그의 죽음을 기념하는 특별한 예배가 거행되었다. 대강당에서 실시되는 예배에는 각계각층의 인사들이 모였다. 예배의 마무리는 늘 대강당 입구에 세워진 그의 두상에 꽃을 걸어 두는 것이었다. 이상한 일이지만 두상에 걸어 둔 꽃은 쉽게 시들지 않았다. 9월 첫 주 대강당에서 개강 예배가 실시되는 순간까지 꽃은 시들지 않았다.

윤덕남

침례신학대학교 신학과와 명지대학교 문예창작학과를 졸업하였다.
2019년 경상일보 신춘문예 단편소설 「영혼의 음각」이 당선되었다.
현재 100주년기념교회에서 구역장으로 봉사하고 있다.

단편소설
가작

밸런스 게임

박제민

1

선택은 공기와 같다. 실재하는 것은 확실하지만 숨 쉬는 것을 일일이 인식하지 않는 것처럼, 수많은 선택 또한 뚜렷한 인식 없이 행해진다. 무의식 속에서 이루어지는 선택이 모두 의식 속으로 나온다면, 우리 뇌는 다운되고 말 것이다. 의식적 선택을 놀이로 만든 것이 있다. 밸런스(balance) 게임. 그것은 선택하기 어려운 두 가지 항목을 잘 선정하는 것이 관건이다. 그래서일까. 시중에 유행하는 밸런스 게임은 나한테 고문이다. 나는 이 게임을 할 때마다 생각의 홍수가 일어난다. 예를 들어, "애인과 친구랑 세 명이 함께 술을 마시다가 본인이 먼저 자리를 뜨는 경우, 남은 2명이 계속 자리를 이어 가도 된다 vs 안 된다" 같은 문제다.

　믿음과 배신에 관한 문제일까? 술이 강력하다는 이야기일까? 아니면 술김에 하는 행동에 대해서 집행유예라도 내려야 한다는 말일까? 아니면 술값을 누가 내느냐에 대한 문제일까? 생각이 많아지니 선택하기 어렵다. 게다가 이건 상황 자체에 문제가 있다. 애초에 왜 술은 마셔서 이런 문제를 만드는가. 술을 마시지 않으면 인생의 문제 절반은 사라질 것 같다. 그렇다고 내가 술을 전혀 마시지 않는 독실한 크리스천이라고 말하려고 하는 것은 아니다. "술 취하지 말라"라는 말씀이 그냥 하드웨어 속에 있을 뿐이다. 그보다 앞서는 문제도 있다. 모태 솔로인 사람에게는 도무지 감이 오지 않는 문제라는 것이다. 여러모로 불필요하다고 생각하니 연애 자체를 시작하지 않는다. 제멋대로 타락한 세상에서 크리스천인 나의 선택은 답답한 면이 있지만, 그래도 나름 탄탄한 당위성이 있다. 물론 동의하지 않는 크리스천도 있겠지만….

교회용 밸런스 게임에서도 마찬가지다. "공격당할지 모르는 상태로 여리고 성 일곱 바퀴 돌기 vs 자갈과 돌팔매 끈만 들고 골리앗 앞에 서기." 이런 문제를 던져 놓고 손을 들라고 하다니, 성경으로 장난치자는 것인가? 굳은 믿음만 있다면 난공불락의 요새나 거인 장수는 전혀 문제가 되지 않는다. 우리는 그 너머에 계시는 하나님만 보면 된다. 보이는 것보다 보이지 않는 하나님이 훨씬 중요하다. 믿음은 현실보다 더 실제에 가깝다. 이렇게 말하니 내가 굉장히 영성 있는 것 같지만, 어느 하나 선택하기 힘들다는 말을 길게 했다.

나는 실패가 두렵다. 그래서 아무것도 안 하는 편이다. 실패해도 괜찮다고 말해 주는 사람이, 아니 실패를 메꿔 주는 사람이 있다면 선택이 더 쉬워지겠다. 하지만 그런 존재가 없는 사람에게 세상은 참혹한 지뢰밭이다. 잘못된 선택 한 번이면, 다리를 잃고 만신창이가 되고 만다. 많은 경우 원상복구가 불가능하다. 나는 돌다리가 있어도 그 옆에 대교가 생길 때까지 기다릴 여자다. 그러니 웃자고 하는 밸런스 게임도 머리 싸매고 해야 한다. 내 물리적 세계도 비슷하다. 근근이 현재에 코 박고 있는 종종걸음으로 가득한 삶이다. 나는 대출을 선택하지 않는다. 담보도 없는 임시직에게 대출해 줄 은행도 없겠지만. 큰 집을 눈여겨보지 않는다. 이동 수단은 소위 'B.M.W'. 버스 타고, 지하철 타고, 걷는다. 이 중에 무엇을 선택해야 할지 매일 고민이다. 4층인 집에 승강기가 없어 힘겹게 계단을 오른다. 두 계단씩 오를지, 한 계단씩 오를지 선택해야 한다. 집 문을 열고 현관에 서면 모든 게 한눈에 들어온다. 현관에서 창문까지 열 걸음이 안 되니까⋯. 현관에서 발을 헛디뎌 앞으로 구른다면 두 바퀴 만에 창문이다. 창문은 그 앞에 옆 건물이 있어, 보이는 건 벽돌 시트지 같다. 변기의 물을 내리고 화장실을 나와 침대에 누우면 물 내려가는 소리가 벽을 뚫고 넘어와 귓속으로 내려간다. 냄새도 나를 뒤 따라와 먹구름처럼 머리맡에 머문다. 이런 내 인생에 '선택의 자유'라는 말은 비현실적이다.

2

예배 중에 시시한 밸런스 게임을 한 적이 있다. "보내는 선교사 vs 가는 선교사" 목사님이 설교하다가 뜬금없이 물었다. 누군가는 극한의 고민에 빠지겠지만, 선교 생각이 전혀 없는 이들에게는 재미없는 주제다.

몇 명이 '가는 선교사'에 손을 들었다. 장로 아들, 목사 딸, '도대체 쟤는 왜 손을 들었지?' 하는 애까지 세 명. 나는 손을 들었다가 목사님이 내 쪽으로 고개를 돌리자 얼른 내렸다. 목사님이 피식 웃었다.

"손 든 거야?"

나는 눈을 둥그렇게 뜨면서 고개를 가로저었다.

"그럼 고민하는 건가?"

나는 말없이 어깨를 으쓱했다. '고민이 되지 않는 크리스천이 있을까요?' 마음속으로 크게 외쳤다. 목사님에게는 들리지 않는 것 같았다.

언젠가 금요기도회 때 기도를 심하게 하다가, 나도 모르게 "저를 사용해 주세요. 저를 보내 주세요."라는 기도가 나왔다.

호들갑스럽게 통제 불가능한 입을 틀어막았다. 주변을 둘러봤는데, 다들 열심히 기도하고 있어서 들은 사람은 없는 것 같았다. 누구 하나 정도는 들어 줘도 괜찮은데…. 그래도 하나님께서 지혜를 주셔서 재빨리 "하지만, 제가 선교 갈 만한 사람이 못 된다는 것을 주님은 분명하게 아십니다."라고 차분하게 아뢸 수 있었다.

하나님이 신속하게 기도를 들어주셨다면, 나는 그때 어디선가 선교 훈련을 받았을지도 모르겠다. 감사하게도 나는 그럴 만한 인물도 아니고 그런 은사도 없다. 오히려 내가 선교를 하러 가면, 주님과 하나님 나라에 큰 해가 될 것이다. 때로는 가만히 있는 게 도움이 될 때가 있는 법이다. 나는 교회 파송 선교사에게 후원하는 것으로 대만족이다.

몇 년 전 우리 교회는 인도에 선교사를 파송했다. 교회 학교 때부터 친하게 지내던 은석 오빠가 선교사였기 때문에 나는 비교적 쉽게 선교 헌금을 작정했다. 선교에 관심이 많았던 오빠는 2년간 모 단체의 선교 훈련을 받으면서 한 자매를 만났다. 소명이 같으니 결혼도 일사천리였다. 오빠 부부는 신혼여행을 가듯 인도로 떠났다. 선택하지도 않은 후회와 질투는 왜 이리 무례하게 찾아오는지. 오빠가 나한테 먼저 손을 내밀었지만, 나는 그 손을 잡을 수 없었다. 선교는 사랑하는 사람이 같이하자고 해도 선뜻 결정할 수 없는 종류의 일이다. 나 같은 사람에게는 특히나….

　아무튼 가는 선교사냐, 보내는 선교사냐, 이런 시답잖은 말장난은 곤란하다. 가는 사람은 확실히 선교사라고 할 수 있지만, 후원하고 기도한다고 해서 선교사라고 불러주는 것은 왠지 정치적인 냄새가 난다. 성도들의 죄책감을 줄여 주면서 적당히 훌륭한 변명거리를 주는 듯하다. 전도하지 않아도 괜찮다고 등을 토닥여 주는 것 같은 면죄부다. 성도들은 이 말에 마음이 말랑말랑해져서 부담 없이 계좌 이체를 한다. 그리고 평안과 자유를 얻는다. 보내는 선교사라면, 선교 헌금에 덧붙여 가끔 금요기도회나 주일 예배 때 선교사님들을 위해 기도하면 그것으로 끝이다. 보내는 선교는 가성비와 효능감이 괜찮은 건수가 아닐 수 없다.

　선교를 돕는 일은 나의 구원에 보증인 하나 더 세우는 느낌을 준다. 하나님께서 나를 구원하셨다는 확신은 있지만, 하나님 말씀대로 사는 건 늘 쉽지 않다. 그러니 좀 더 확실하게 해둘 필요가 있겠다. 나 같은 인간을 구원하시려면 그럴듯한 명분 하나는 있어야 예수님 체면이 설 것 같다. 선교 헌금을 안 하는 애들도 많으니까 이만하면 훌륭하지 않은가. 셀프 칭찬한다. 천국에서는 지금보다 더 좋은 집을 기대해 본다. 천국에서도 이런 쪽방에서 살아야 한다면 차라리 안 가고 말지 싶다. 구원도 지혜롭게 얻어야 한다. 내 자존감이나 다른 사람들의 평판이 위태로울 때는, 무리해서라도 단기 선교 한 번 다녀오면 된다. 휴가까지 내서 다녀오면 회사에서도 보는 눈이 달라진다. 자연스럽게 세상이 감당 못할 사람이 된다. 내가 탄 구원 버스는 4차선 대로를 신나게 달리고 있었다.

3

그러던 어느 날, 내 삶의 밸런스가 무너졌다. 그날도 나는 윤진 언니와 함께 점심을 먹었다. 교회 언니이면서 직장 선배라는 인연이 우리를 자매처럼 만들었다. 언니는 나한테 무얼 먹을 거냐고 질문하지 않는다. 나한테 물었다가는 점심시간이 다 가도록 식당을 정하지 못할 게 뻔하기 때문이다. 언니는 식당에 들어가서도 메뉴판을 나에게 주지 않는다. 결국 나는 언니 덕분에 점심을 먹는다. 그날 메뉴는 순두부찌개였다. 달걀 노른자 주위로 빨간 고추기름이 둥둥 떠 있는 게 침샘을 자극했다. '달걀을 먼저 먹을까, 순두부를 먼저 먹을까?' 나는 뜨거운 음식을 잘 먹지 못하지만, 언니는 그렇지 않다. 먼저 다 먹은 언니는 TV를 보고 있었고, 나는 후후 불어 가며 천천히 먹고 있었다.

"어? 저거, 혹시 은석이 아냐?"

나는 TV를 향해 눈을 치켜떴다. 눈썹 위로 하얀 붕대가 감겨 있고, 코와 턱이 타박상을 입었는지 빨갛게 부은 사람이 보였다. 틀림없이 은석 오빠였다. 세상의 모든 침통한 표정을 다 가진 오빠의 얼굴이 곧 두 손으로 가려졌고, 오빠는 어깨를 들썩이며 흐느꼈다. 나는 밥을 씹다 말고 마른침과 함께 목으로 넘겼다. 복받치는 비통함이 음식을 다시 식도로 밀어 올렸다.

"힌두민족주의자 단체, 현지 기독교 모임 습격. 한국인 선교사 1명 사망, 5명 중상."

인도 경찰과 한국 사람들이 화면에 잠깐 비쳤다. 대사관 관계자들인가 싶었다. 특파원은 오빠가 있는 병원을 배경으로 반복해서 사망 소식을 알렸다.

"인도 북동부 아삼주에서는 최근 서양 선교사 열 가정이 추방당했고, 현지 사역자가 반개종법 위반으로 징역형을 받았다고 합니다. 이틀 전에는 힌두 민족주의자들이 현지 사역자 집에 난입해서 기독교 집회 때 사용되는 성경책과 예수님 관련한 그림들을 모두 압수했습니다. 그들은 방송 인터뷰에서 공공연하게 기독교 개종에 대한 보복을 천명했던 사람들입니다. 이들이 오늘 오전 김은석 선교사가 진행하는 현지인 모임을 덮쳤습니다. 모여 있던 10여 명의 성도가 폭행당했고 그중 5명이 중상을 입었으며, 김 선교사의 아내는 조금 전 이곳 병원에서 치료 중 사망했습니다."

언니와 나는 냅킨으로 눈물을 쓸어 냈다. 종업원이 눈치를 줄 만큼 냅킨이 테이블 위에 쌓였다. 세상과 화면 속 사람들 모두 얼룩지고 흐려지고 어그러졌다. 그때 청년부 단톡방에 불이 붙기 시작했다. 다른 청년들도 TV를 본 모양이다. 나는 폰 화면을 힐끗 보고 테이블 위에 내려놨다가 다시 들었다. 진동이 계속 울려서 지진이 나는 것 같았다. 추가되는 보도는 없었지만, 언니와 나는 자리를 뜰 수 없었다. 우리는 점심시간이 끝날 때가 되어서야 식당을 나섰다. 언니는 어느 정도 진정된 듯했으나, 나는 자리로 돌아와서도 도무지 진정되지 않았다. 언니는 '슬픈 줄은 알겠는데, 그만하지.'라고 말하는 듯 나를 안타까운 눈으로 쳐다보았다.

"조퇴하세요. 그래서야 무슨 일을 하겠어요?"

부장이 언니한테 무슨 얘기를 들었나 보다. 나는 가방을 싸서 거리로 나왔다. 역으로 향하는 길, 어느 상점의 쇼윈도에서 퉁퉁 부은 내 얼굴을 보았다. 안으로 흐르는 눈물은 얼굴로 흡수되는 것일까. 마침 가방에 마스크가 있어서 다행이었다. 나의 진짜 얼굴이 쉽게 가려지듯이 나의 비밀도 마스크로 가려진다. 마음속 깊은 창고에 숨겨진 비밀 풍선이 점점 커져 문을 뚫고 나왔다. 내가 외면했고 숨겨 왔던, 언젠가는 터질 비밀이었다. 오빠가 결혼한 후로는 마음을 접었다고 생각했는데 그렇지 않았나 보다.

3년 전 어느 날, 청년부 예배 때 은석 오빠는 결혼할 사이라며 자매 하나를 데려왔다. 귀엽게 생겼지만, 입가에 고집이 묻어났고 단단한 몸에 옹골찬 기운이 돌았다. 나와는 반대 스타일이었다. 다른 청년들이 몰려들어 축하한다는 인사를 건넬 때, 나는 그 자리에 있을 수 없었다. 조용히 예배당을 나왔다. 가슴속에는 바깥 귀보다 더 큰 귀가 있다. 심장이 피를 밀어내는 소리가 너무 커서 견딜 수 없었다. 나는 복도 벽에 기대어서 숨 고르기를 했지만, 벽이 들썩거렸다. 고개를 숙인 채 교회를 뛰쳐나왔다. 그런 마음으로 예배를 드릴 수는 없었다.

4

나는 어렸을 때부터 선택이 힘들었다. 연애도 그래서 못했다. 때마다 마음에 드나드는 남자가 많이 있었다. 항상 비슷한 시기에 둘 이상이라서 문제였다. "상냥하고 귀여운 연하 vs 듬직하고 멋있는 오빠", "목소리가 감미롭고 악기 천재인 뮤지션 vs 못하는 운동이 없는 상남자", "간식 잘 사주는 직장인 vs 함께 있으면 즐거운 프리랜서" 두 사람 모두 사랑하면 안 되는 것일까? 나는 시작도 못 한 채 이미 루저였다. 인기 있는 남자들에게는 늘 쟁쟁한 경쟁자가 붙었으니까.

　은석 오빠는 교회 학교 1학년 때부터 20년 가까이 남자를 선택할 수 없었던 나의 우유부단함에 종지부를 찍게 했던 사람이다. 외모나 성격이 나쁘지 않았지만, 인기가 없었다. 그래서 나에게도 기회가 생겼다고 하면 오빠가 민망하려나? 언젠가 윤진 언니는 오빠가 인기 없는 이유를 이렇게 말했었다. "걔는 선교 갈 거래. 지금 훈련받고 있다던데?" 나는 그 말을 듣고도 현실적으로 와닿지 않아서인지, 오빠에 대한 마음을 버리지 않았다. 물론 고백은 못 했다. 무슨 말을 해야 할지 고를 수 없었기 때문이다. 좋아하기로 한 후에도, 선물 한 번 주지 못했다. 역시 같은 이유다. 짝사랑을 시작하면서 내 삶은 엉망이 되었다. 오빠에게 잘 보이기 위해서 선택해야 할 목록이 순식간에 산더미처럼 쌓였다. 사랑의 하나님께서 나를 사랑해서 주신 시련일 것이다. 나는 성실히 훈련받아야 했다. 자포자기의 심정으로 악수를 두는 경우도 많았다. 하지만 때로는 결과가 나쁘지 않았다. 그런데도 나는 선택이라는 늑대 앞에 늘 두려워 떠는 어린 양이었다. 사람 쉽게 안 변한다고 했던가. 그렇게 우물쭈물하는 사이에 놓쳤다. 결혼할 사이라니, 어떻게 그렇게 금방 결혼을 결정할 수 있는 것인지…. 오빠가 인기가 없다고 내가 너무 마음을 놓았나 보다. 찜해 놓은 당근 거래 건수가 날아간 것 같았다.

5

은석 오빠 부부는 가끔 국내에 들어왔다. 선교 단체에서의 행정 절차나 회의, 건강검진 등이 이유였다. 오빠는 들어올 때마다 청년부에서 한 번씩 설교했는데, 그때마다 인도에서 가져온 사진과 영상을 보여 주었다. 언젠가 한 번 보여 준 영상은 차마 눈 뜨고 보기 힘들 정도였다. 한 여자가 벌거벗은 상태로 뛰고 있다. 한 무리의 남자들이 그 뒤를 쫓아가 여자의 머리카락을 잡고 여자를 패대기친다. 그리고 몽둥이로 인정사정없이 팬다. 나도 모르게 눈을 감고 고개를 돌렸다. 자매들의 앓는 소리와 안타까운 탄성이 이어졌다. 형제들은 이상하게도 눈이 반짝였다. 이해할 수 없는 종족이다. 은석 오빠는 영상을 끄고, 앉아 있는 청년들에게 비통한 눈빛으로 입을 뗐다.

"영상에 나온 여자는 근래 들어 기독교로 개종했고, 그 후로 힌두교도들에게 끊임없이 소소한 폭행과 협박을 당해 왔습니다. 그녀는 끊임없는 개종 요구에도 굴하지 않았습니다. 그랬더니 이번에 힌두교도들이 이런 짓을 벌인 것입니다. 마을 사람들이 모두 나와 구경했지만, 아무도 말리지 않았습니다. 개종하면 그렇게 될 거라고 본보기를 보인 것이죠."

세상이, 종교가 이렇게 무섭고 치가 떨리는 짓을 하고 있구나. 무엇을 위한 종교인가. 울화통이 터졌다. 내가 그 여자를 위해 할 수 있는 일이 전혀 없다는 사실에 마음이 더 아팠다. 갑자기 저 영상을 찍은 사람은 누구일까 궁금했다. '독수리와 소녀'를 찍은 사진작가가 누구인지 궁금했듯이…. 영상을 찍지 말고 먼저 여자를 구해야 했었다는 말은 못 하겠다. 나라면 이미 현장에서 도망치고 없었을 테니까. 베드로처럼….

내가 밸런스 게임에 약한 이유 중 하나는 선택이 행동을 동반한다는 사실이다. 선택한 대로 살아야 한다. 이것은 일종의 도덕일 수도 있고, 다른 차원으로는 심리 치료일 수도 있다. 생각과 행동이 따로 노는 인생은 공허하다. 둘의 괴리는 인간을 병들게 하니까. 덜 아프게 살려면 생각한 대로 살면 된다. 나 같은 경우 선택이라는 행위 자체를 덜 하면 되는 것이다. 뭔가 선택하면 해야 한다는 강박은 나에게 보통 종교적으로 다가온다. 하나님을 선택하면 사랑해야 한다. 예수를 따르기로 하면 나는 죽고 예수로 살아야 한다. 은석 오빠를 선택하면, 선교지로 가야 한다. 그래서 좋아한다는 말도 못 하고 보내 버린 것이다. 그런 용기도 없이 오빠를 사랑했었다고 하지 말자. 사랑이 모든 것을 이긴다면, 왜 나는 사랑한다고 말하지 못했을까. 두려움이 입을 막았을 것이다. 언젠가 오빠가 선교 편지에서 소개했던 인도 대법원의 결정은 내 두려움을 공포로 바꾸어 놓았다. 첫째, 천국과 지옥에 관한 설교를 하면 감옥행. 둘째, 현지 사역자가 성경을 가지고 다니면 감옥행.

셋째, 현지 사역자가 좋은 옷을 입고 다니면 감옥행. 예수 믿으면 부자가 된다는 메시지로 읽힐 수 있는 어떠한 모습조

차도 인도인들에게는 위협적인가 보다. 이런 현실을 알면서 어떻게 인도에 선교라는 걸 갈 수 있을까. 두려움은 등 뒤를 찌르는 권총 같다. 사람을 이리저리 몰아대기도 하고 옴짝달싹 못 하게도 한다. 오빠도 오빠지만, 그 아내는 무슨 깡으로 그런 험지에 갈 수 있는 건지 모르겠다. 나는 왜 이런 생각을 하면서 밤잠도 못 자고 뒤척이고 있는지…. 그렇다. 자꾸 그 아내 대신 인도로 가야 할 것만 같은 이상한 사명감이 싹텄다.

두 손으로 머리카락을 심하게 헝클면서 침대로 몸을 던졌다. 이미 충분히 괴로웠다. 사랑에 쫓긴 선택은 운명적으로 비극의 씨앗을 품고 있다. 로미오가 원수 가문의 줄리엣을 선택하고, 카미유 클로델이 유부남 로댕을 선택했을 때처럼….

6

은석 오빠 아내의 장례식이 끝나고 열흘이 지났다. 나는 장례식 때부터 불면증이 생겼다. 사람이 지금, 여기 우주에 없다는 것이 어떤 의미인지 알고 싶었다. 몸의 각 부분을 이루는 원소들이 해체되고 어디론가 떠난다는 게 나를 굉장히 쓸쓸하게 했다. 몇 번 보지 않은 사람인데도 이런데, 진짜 가까운 사람이 죽으면 어떤 느낌일까? 답 없는 질문은 야밤과 새벽 시간에 활동한다. 당연하게도 내 얼굴에 파란 어둠이 물들었다. 나는 부스스한 머리에 퀭한 얼굴로 회사와 집, 집과 교회를 오갔다. 나는 눈도 귀도 없는 나뭇가지처럼 떠다녔다. 물처럼 흐르는 공기에 몸을 실었고, 물 흐르는 소리 같은 이명을 배경음으로 깔았다. 한 달을 그렇게 다녔더니 나에 대한 이상한 풍문이 쫙 퍼졌다. 가짜 뉴스는 언제나 양으로 승부하더라. 풍문은 내 귀로 들어와서 결재를 기다리는 서류처럼 뇌 속에 차곡차곡 쌓였다. 이제 내가 결재할 시간이다. 찬찬히 하나하나 꺼내어 읽어 본다.

"예은이가 은석이 오빠를 좋아했었다면서?"

이 건은 오케이. 비공개 처리.

"예은이가 작년 휴가 때 델리에 갔었다잖아. 그때 은석이랑 만났겠지."

정말? 나 인도 갔었어? 반려.

"예은이가 온라인으로 선교 훈련을 받았대." 누가 그래? 어디서 받았대? 반려.

"예은이 엄마가 앓아누웠대. 예은이랑 은석이랑 결혼하는 거 절대 반대라고."

그거 때문에 아픈 거 아니거든. 그리고 누가 결혼한댔어? 반려.

"야, 이건 너만 알고 있어. 글쎄 말이야. 예은이가 임신했대. 누구 애겠어?"

이것 보세요. 임신 안 한 처녀도 할 말 있다고요. 반려, 반려, 반려!!! 이런 가짜 뉴스 덕에 내 선택 장애가 고쳐지려나 보다. 우리 교회 사람들은 모두 소설을 써야겠다. 재능을 허튼 데 쓰고들 있다. 문학성은 모르겠지만 상상력 하나는 대단하다. 소문이 가족에게도 들려온 모양이다. 퇴근하고 집에 들어가니 엄마가 도끼눈을 하고 나를 노려봤다. 부모는 자식보다 남들 말을 더 잘 믿는 경향이 있다. 사람끼리의 거리가 멀수록 더 객관적이라 여기는 것 같다. "너 도대체 뭐하고 돌아다니는 거니? 말 좀 해 봐." 엄마가 내 등짝을 한 대 때리며 말했다. 왜곡된 사실이 이미 진실이 되어 있었다. 등짝보다 마음자리가 더 아팠다. '답정너'의 열렬한 추종자들은 일단 피하는 게 상책이다. 나는 얼른 방으로 들어가 문을 잠갔다. 고등학교 때 이후로 처음이었다. 엄마가 문밖에서 욕 아닌 단어를 사용한 욕을 퍼붓고 제풀에 지쳐 가버렸다. 이제 어쩌지?

은석 오빠에게 연락이 온 것은 그다음 날이었다. 나를 보자고 했다. 싫다고 했다. 둘이 만나서 뭐 하자고? 괴소문을 더 키우려고? 양쪽 모두에게 득이 되지 않을 것이다. 그 후 나는 매일 회사만 갔다. 최단 거리에서 단 1m도 벗어나지 않았다. 전화도 무음으로 바꿨다. 1시간 단위로 점검해 필요하면 내가 걸었다. 며칠 동안 오빠에게 온 전화는 없었다. 그냥 포기했을까? 그때 갑자기 '띠링' 하며 오빠의 문자가 화면에 떴다. 짧아서 읽지 않을 수 없었다.

"다시 인도 간다. 안녕."

쟁기가 밭을 갈아엎듯 내 속이 뒤집혔다. 나를 막았던 백만 가지의 이유가 한순간에 안개 스러지듯 사라졌다. 깨끗해진 풍경 한가운데에 오빠가 서 있었다. 지금 당장 만나야만 했다. 전화를 걸고 약속하고 집 앞 카페에서 오빠와 마주한 이 모든 일이 단 10분 만에 이뤄졌다. 오빠가 문자를 보낸 건 우리 집 앞이었다. 소문처럼 되고 싶은 마음이 조금은 있었던 걸까. 오빠를 보자 손바닥만 한 구름 같은 소망이 주책없이 떠올랐다. 오빠가 입국한 이후 둘이서만 만난 건 처음이었다. 그럴 이유가 없었는데 생긴 것일까? 소문이 이유라면 안 만나도 되는데…. 하지만 만났으니 이야기나 들어 주자는 심사였는데, 듣기가 괴로웠다. 이야기를 듣는 내내 허벅지를 모으고 다리에 힘을 줬더니 온몸이 뻐근했다. 내 소망이 쭈그러들었다.

"나는 몽둥이로 머리를 맞고 정신을 잃었어. 아무것도 할 수 없었다고, 아무것도…. 사람이 사람한테 어떻게 그래? 지수는 피투성이였어. 가랑이 사이에 피가 흥건했어. 내가 부둥켜안고 소리를 지르니까 잠깐 눈을 떴어. 허공을 바라보는데 눈꺼풀이 파르르 떨렸어. 지수는 입을 달싹거렸지만 아무 말도 못 했어. 무슨 말을 하고 싶었을까? 곧 숨이 끊겼어. 그때 이후로 눈을 감을 때마다 지수의 두 눈이 내 얼굴 앞에 떠올

라. 끝 모를 깊이에 한없이 파란 눈이 나를 보고 있는 거야. 자꾸 보고 싶어 눈을 감고, 그러다 잠들고, 깨어나면 또 눈을 감고…. 사는 게 아니었어. 하나님을 원망하게 되더라. 순교라는 말을 들어도 아무 느낌이 없어. 한 사람의 죽음에 그런 말을 붙이면 뭐가 달라지는 건지….”

오빠는 앞에 놓인 유리잔을 손으로 문지르면서 한참을 가만히 있었다. 유리잔이 오빠 대신 눈물을 흘렸다. 머뭇거리며 밑으로 떨어지는 물방울이 바닥에 닿아 테이블을 적셨다. 나는 숨도 못 쉬고 앉아 있었다. 숨을 쉬면 오빠의 슬픔, 아픔, 분노, 탄식이 나에게로 빨려 들어올 것만 같았다.

“나는 그 먼 나라까지 뭘 위해 갔던 걸까?”

“그것도 모르면서 왜 또 가려고 그래?”

“그곳에 다시 가야만 해. 그게, 하나님 주신 사명이라서 그런 건 아니야.”

사명 때문이라는 것인지 아닌지 헷갈리게 하는 표정과 말투였다. “선교사니까 당연히 사명으로 살아야지.”라는 말은 아니어서 다행이었다. 너무 이상적인 것만 바라보면 역설적으로 이상에서 멀어진다. 사랑만 주야장천 떠드는 인간들이 가까이 있는 사람조차도 사랑하지 않는 경우를 많이 봐 왔다. 특히 교회에 그런 사람이 많더라.

“그럼, 왜? 오빠, 설마 복수하려는 건 아니지? 그 사람들 잡혔다 풀려났다면서."

"글쎄. 복수하고 싶은 건지도 몰라. 그 자식들이 금방 풀려 났다는 게 도저히 이해가 안 돼. 얼굴이라도 제대로 보고 싶 어."

"또 맞으려고? 걔들이 얼굴 본다고 사과할 것 같아? 그럴 인간들이면 애초에 그런 짓을 안 했겠지. 복수할 거면 절대 인 도 갈 생각하지 마!"

"그럼, 지수가 그렇게 당했는데, 아무것도 하지 말라고? 그 것도 못 하면, 내가 뭘 해야 하는데? 어?"

오빠의 목소리가 커져서 카페에 있던 사람들이 우리를 힐 끔거렸다. 나는 오빠 얼굴 앞에 내 손바닥을 쫙 펴서 '워워!' 했 다. 사람들에게 고개를 돌려 까딱거리며 입 모양으로만 죄송 하다고 외쳤다. 오빠가 미안한지 살짝 얼굴을 붉혔다. 누가 보 면 사랑싸움하는지 알겠네. 또 가짜 뉴스가 생성되었을지도 모르겠다.

"오빠 말 이해하는데, 그래도 극단적인 선택을 하는 건 아 니지."

"아무튼 나, 인도 가야 해. 계속 있든 철수하든, 가서 결정 할 거야."

"계속 있더라도 지역은 옮겨야지."

"그래. 거기 그냥 살기는 힘들겠지?"

"같이… 가 줄까?"

오빠가 토끼 눈을 하고 나를 보았다. 나는 입을 지우고 어디론가 숨고 싶었다. 유리병도 아닌데 왜 이리 속이 뻔히 보이는지…. 표정이 잠시 굳었던 오빠의 얼굴에 어이없다는 미소가 떴다. 혼자 착각하고 혼자 아닐 거라고 갈무리한 듯했다.

"공항? 공항까지 갈 사람은 많아. 그러니까 걱정 안 해도 돼."

오빠가 웃어 주었다. 나도 따라 웃었다.

"그렇구나."

한숨이 나왔다. 인도에 같이 갈까? 청혼처럼 말하고 싶었는데 구강이 마음처럼 울려 주지 않았다. 그날 둘은 어색하게 헤어졌고, 오빠는 며칠 후에 인도로 돌아갔다.

7

헉헉거리는 소리가 귀에 울린다. 갑자기 뒤쪽에서 날카로운 고함이 들린다. 수염 많고 험악한 인상의 남자들이 몽둥이를 들고 쫓아온다. 고개를 돌려 뒤를 돌아보다가 발을 헛디딘다. 흙바닥에 넘어졌다가 일어나 다시 달린다. 돌을 밟는다. 앞으로 꼬꾸라진다. 다시 일어나서 뛰려는데 머리채를 잡힌다. 딱딱한 신발이 내 엉덩이를 찬다. 악! 남자는 쓰러진 나를 발로

찬다. 몽둥이가 내 옆구리를 때린다. "아악!" 또 다른 남자가 내 등에 기름을 붓는다. 성냥개비에 불을 붙이는 소리가 귀를 파고든다. 화르르! 불이 붙은 채로 다시 뛰기 시작한다. 옷이 타면서 몸에서 떨어져 나간다. 머리카락이 절반쯤 타고 불이 꺼진다. 알몸이 되어 뛰어간다. 그러다 또 머리채를 잡힌다. 풀숲으로 내동댕이쳐진다. "아아아악!"

며칠째다. 나뿐만 아니라 엄마, 아빠도 잠을 설쳤다. 나는 잠을 선택하려 했지만 잠은 선택당하지 않았다. 나는 참 자유가 없었다. 반복되는 악몽은 점점 뚜렷해졌다. 은석 오빠는 눈만 감으면 아내의 눈에 빠진다는데, 그게 차라리 덜 고통스러울까? 알 수 없다. 디딜 곳이 없다는 느낌은 공포와 해방감을 동시에 주니까. 내 꿈은 고통과 수치로 범벅이 된 십자가형이다. 인간이라면 누구도 부러 그런 선택을 할 수 없다. 아니, 그런 참사와 비극은 인간 세상에 있으면 안 된다. 인간의 본성을 너무나 잘 아는 자들이 형벌 기구를 만든다. 인간이 인간답지 못하게 만드는 악랄한 도구들이다. 예수도 십자가에서 희생되셨다. 내가 그 자리에 있었다면, 예수를 하나님이라 생각할 수 있었을까? 못 할 것 같다. 고통과 수치는 영광과 같은 배를 탈 수 없으니까. 나무에 달린 자가 받는 저주를 거부하는 게 훨씬 신앙적이다. "마라나타, 예수 말고 다른 메시아여! 어서 오시옵소서!" 하는 유대인들이 이해된다.

회사에 휴직계를 냈다. 불면증 때문이라고 사실대로 적어 냈다. 잘렸다. 인사부장은 임시직이 웬 휴직계냐고, 쓸데없이 면박을 주었다. 다시 입사시켜 주지도 않을 거면서…. 차라리 잘 되었다. 뭐 하나 잘하는 게 없는 건 유전이다. 선택 장애인 내가 오지선다형 문제를 푸는 건 고통이었다. 성적이 좋았을 리 없다. 그래도 다 이겨 내고 졸업했는데…. 여태껏 살아온 게 용하다. 아빠나 엄마나 나나. 인생 자체가 선택의 연속이니 결국 나는 인생 장애다. 16년을 공부하고 겨우 임시직 하나 따냈는데, 그것마저 날아가 버렸다. 차라리 잘 되었다고, 정신 승리를 하기에는 내 정신이 온전하지 않았다. 정신이 온전하다고 착각할 수 있는 사람에게나 정신 승리가 가능하지 않을까. 가끔 은석 오빠로부터 온 메일을 확인할 때 빼놓고는 침대에 멍하니 앉아 있었다. 털 뭉치가 눌린, 빛바랜 쿠션처럼 구부정한 채로. 힌두교도들의 핍박이 계속되고 사람이 폭행당하고 죽는다는 것을 오빠는 뭐 하러 계속 알려 주는지…. 안 그래도 가고 싶은 마음 없는 사람의 마음에 절망의 소금을 친다. 더 이상 절망할 수 없게 해서 또 절망하게 만드는 고문 같았다.

"주여, 이 절망에서 건져 주옵소서. 제발!"

이렇게 외치다 잠이 들었다. 그날 밤에도 꿈을 꾸었다. 인칭이 바뀐 소설을 읽는 듯, 눈 앞에 펼쳐지는 장면이 평소랑 달랐다. 어두운 밤, 누군가 숨 가쁘게 뛰고 있다. 얼굴이 보이지 않는다. 횃불을 든 남자들이 쫓아간다. 그들은 얼굴이 험악한데다가 칼과 몽둥이를 들었다. 도망가던 사람이 넘어져 구른다. 다시 일어나서 뛴다. 그는 곧 따라잡혀 땅바닥에 내팽개쳐진다. 그제야 얼굴이 보인다. 그의 눈에는 슬픔이 가득하고 입 주위에 덥수룩한 수염이 있다. 그가 흔들리지 않는 시선으로 나를 바라본다. 나와의 거리가 상당했지만, 그의 두 눈은 잡힐 듯 가깝다. 남자들이 그를 몽둥이로 사정없이 때린다. 맞으면서도 나를 바라보는 그의 시선에 붙잡혀 나는 움직일 수가 없다. 눈만 움직일 수 있는 것인지 하염없이 눈물을 흘린다. 갑자기 누군가가 그의 머리를 몽둥이로 친다. 그가 외마디 비명을 지르며 쓰러질 때, 나는 소리를 지르며 잠에서 깼다.

주님인가? 설마 이렇게까지 나에게 보여 주신다고? 주님이 나 대신 사람들에게 쫓기고 맞는 상황으로 느껴졌다. 주님이 내 고통을 대신해 주실 것이니 걱정하지 말고 인도로 가라시는 것인가? "안정된 결혼 후 교회 잘 다니는 집사 vs 은석 오빠와 결혼해서 인도로 갈 선교사." 갑자기 두 개의 카드가 내 눈앞에 둥둥 떴다.

'하나님, 더 이상 밸런스 게임은 싫어요. 그냥 딱 하나만 보고 결정할 수 있게 해 주세요.' 하며 나는 간절히 기도했다. 보여 주시는 것을 보고 느끼지만 부인하는 마음이 드는 게 분명했다. 내가 원하는 답이 나올 때까지 기도하리라는 답이 나에게 있다. 그래 놓고 하나님의 뜻 운운하겠지. 비겁하지만 그게 내가 사는 방법이다. 이번에는 좀 다르게 살 수 있을까?

두 달 후, 은석 오빠는 집과 선교 센터를 정리하고 한국으로 들어온다는 연락을 교회로 보내 왔다. 나는 인도에 가지 않고도 뭔가 해볼 수 있겠다는 생각에 모처럼 얼굴에 생기가 돌았다. 그래, 오빠를 선택하자. 이번엔 놓치지 말자고 다짐했다. 공항에 나가야지. 가서 오빠를 향한 내 의지를 보여 줘야지. 사랑한다고 말은 못 해도 함께하고 싶다는 말은 꼭 할 것이다. 오해하지 않도록 명확하게!

8

공항은 김은석 선교사를 환영하는 사람들로 북적였다. 선교사 폭행 치사 사건은 기독교 방송국뿐만 아니라 공중파 방송국에서도 취재할 정도로 이목을 끌었던 사건이었다. 나는 무리의 한쪽 구석에서 오빠를 기다렸다. 사람들은 밝지 않은 얼굴로 삼삼오오 이야기를 나누고 있었다. 그가 계속 인도에 남아 선교하기를 바라는 사람들도 있었다. 그들은 오빠가 이태석 신부처럼 유명 인사가 되어 선한 영향을 끼칠 수 있었을 거라며 아쉬워했다. 죽은 사람은 어쩔 수 없고, 산 사람은 사역을 계속하는 게 맞는 거라면서 침 튀기는 아저씨를 보고 인상을 찌

푸려 주었다. 한쪽에서는 오빠가 잘 들어오는 거라고, 선교가 꼭 외국에서만 해야 하는 건 아니라고 했다. "더 있어 보이지만 순교를 각오해야 하는 선교 vs 안전하지만 교회에서 인정받기 힘든 선교." 어느 게 맞는 건지 잘 모르겠다. 오빠가 어떤 결정을 내려도 당분간은 관심이 집중될 것 같다. '그러면 덩달아 나도 그렇게 되겠지? 왠지 쑥스러운데.' 달콤한 상상에 빠져 있던 몇 분이 지나고, 웅성거리는 사람들 소리에 출구로 고개를 돌렸다. 여행용 가방을 끌고 들어오는 오빠가 보였다. 생각보다 훨씬 행복한 얼굴이었다. 그 옆에 웬 외국 여자가 걷고 있었는데, 둘은 기다리던 사람들 앞에 서서 같이 손을 흔들었다.

"저 여자 누구지?"

"못 들었어? 김 선교사와 결혼한다고 하던데? 인도 사람이래."

선교 단체에서 나온 사람들의 대화가 귓속으로 들어왔다. 나는 두 손으로 얼굴을 가렸다. 얼굴이 화끈거리고 몸에 열이 달아올랐다. 부끄러움이 극에 달하면 열에너지가 되나 보다. 너무 당황스러워서 눈물이 툭 터졌다. 나는 뒤로 돌아서서 말없이 걸었다. 눈 화장이 엉망이 되었지만 상관없었다. 마스크도 쓰지 않았다. 버스 정류장 가는 길에 서 있던 여자들이 킥킥거리며 비웃었다. 내 삶을 살아야 한다는 자각이 주사처럼 심장을 찔렀다. 선택을 회피하면서 무슨 인생을 살겠다고….

나도 나를 비웃었다. 버스를 타고 나서 까무룩 잠이 들었다. 다시 그 남자의 꿈을 꾸었다.

9

2년이 지났다. 내가 탄 비행기가 인디라 간디 국제공항 부근에 도착했을 때, 공항 상공은 빽빽한 구름으로 가득했다. 물방울들이 창문에 달라붙고, 새까만 구름 속에서 작은 번개가 여러 번 번쩍였다. 이래서야 내릴 수 있겠나 하는 의심이 들 때, 비행기는 구름을 뚫고 활주로로 내려왔다. 공항에는 물방울 하나 날리지 않았다. 나는 홀로 공항에 내렸다. 인간의 땀이 만들어 내는 것 같은 습기와 열기가 콧속으로 훅 들어왔다. 불쾌하지는 않았다. 가슴에 손을 얹고 크게 숨을 내쉬며 걸었다. 출구로 나오니 은석 오빠가 손을 흔들고 있었다. 나는 캐리어와 함께 미끄러져 달려가 오빠에게 안겼다.

　차를 타고 오빠 집으로 가는 길은 노랗고 푸른 카레 냄새로 가득했다. 눈에 들어오는 풍경은 낯설었지만, 거리는 눈부시게 반짝였다. 길거리의 사람들이 모두 나를 향해 환하게 웃어 주는 듯했다. 조그만 2층 건물 앞에 차가 멈추니 현관문이 열리며 한 여자가 아기를 안고 나타났다. 나는 인도말로 인사하며 다가가 그 여자를 꼭 껴안았다. 품 안의 아기가 큼지막한 눈을 깜박였다.

오빠 가족은 뉴델리에서 선교하고 있다. 오빠 집에서 사흘을 머문 뒤에, 나는 인도 북동부로 이동할 것이다. 내가 살 지역은 오빠의 아내가 죽었던 그곳, 아삼주 한복판이다.

나는 선교사다.

박제민

그림책과가정연구소 소장으로 라브리 그림책 독서 모임을 진행하고 있으며, 치유와 회복이 있는 공동체를 만드는 문화 창작자를 꿈꾸고 있다. 나눔교회와 마음나눔 홈스쿨을 섬긴다.

단편소설

가작

그 어느 특별한 봄의 이야기

박현정

스카프를 두를까 말까 망설이다 방을 나온 선영은 엘리베이터 버튼을 누르며 신발장 앞 거울에 제 모습을 비춰 보느라 바쁜 연희를 채근했다. 갓 대학생이 된 연희는 집을 나서기 전 거울 앞에서 한참씩 시간을 보내곤 했다. 그 모습이 귀엽고 사랑스러웠지만 벌써 내려간 태호가 기다리고 있을 것을 알기에 마냥 두고 볼 수만은 없었다. 주차장에 내려오니 태호는 운전석에 앉아 아내와 딸이 탈 차를 데워 놓고 있었다. 한결같이 자상한 태호의 마음 씀이 고마워 차 안에서 기다리는 태호를 향해 선영은 미소를 지어 보였다. 아직은 쌀쌀한 바람에 살갗으로 선뜩하게 느껴지는 차가운 기운과 주차장 주변에 심긴 앙상한 나무들 가지 위로 구름이 잔뜩 낀 하늘을 보면 3월이 왔다는 것이 믿기지 않았다. 스카프를 가지고 내려오길 잘했다고 생각하며 선영은 스카프를 목에 둘렀다. 올해는 유난히 지루하고 추운 겨울이 자신의 자리를 내어 주고 싶지 않아서 발버둥을 치는 것 같았다. 그렇지만 텅 빈 마른 가지에 바짝 다가서서 들여다보면 아주 조그마한 새순이나 꽃눈이 차가운 바람 사이로 들어오는 따뜻한 햇살에 기대어 정수리 끝을 내밀 준비를 하고 있었다.

"내가 아빠 옆에 탈래."

삭막한 3월 초 풍경이 무색할 만큼 화사한 분홍빛 블라우스를 입은 연희가 조수석으로 다가서는 선영의 앞을 막아서며 혀를 쑥 내밀더니 낄낄거리며 차 안으로 냉큼 들어갔다.

"엄마, 미안!"

뒷좌석에 앉은 선영이 조그맣게 한숨을 쉬며 스카프를 매만지는 모습을 백미러로 살펴보던 태호가 주차장을 나서면서 연희를 향해 일부러 큰소리를 쳤다.

"엄마 자리에 네가 앉으면 안 되지!"

"아냐, 엄마는 괜찮다고 할걸? 그렇지, 엄마?"

연희가 선영을 돌아보며 한쪽 눈을 찡긋거렸다.

"그럼~! 나 괜찮아요. 여보. 연희가 내 자리를 차지할 수 있는 날이 얼마나 더 있겠어요."

선영이 별것 아니라는 듯 가볍게 손을 흔들었다.

"봐봐, 아빠."

"하긴 곧 남자 친구 생기면 우리하고 차를 같이 타지도 않겠지. 우리 공주님!"

"아빠도 참! 나 남자 친구 같은 거 안 사귈 거야. 공부만 열심히 할 거라고."

태호와 연희의 장난스러운 대화에 벙긋 웃던 선영은 가슴
을 찌르는 듯한 불편한 느낌에 눈을 감았다.

"사모님, 미안해요."

벌써 20년도 훨씬 지난 그날들이 바깥 풍경과 어울리지 않
게 벚꽃 잎을 날리며 선명하게 떠올랐다. 유난히 푹했던 겨울
이 봄과 이어져서 그런지 교정의 개나리 가지에는 노란 꽃순
이 조심스럽게 얼굴을 내밀기 시작했고 벚나무도 물이 올라
분홍빛 꽃이 곧 올망졸망 매달린 모습을 볼 수 있을 것 같았
다. 교정을 화사하게 수놓을 봄꽃의 축제가 곧 시작될 것 같은
유난히 설레는 봄이었다. 낡은 승합차의 조수석에 사뿐히 올
라앉으며 봄 햇살에 활짝 핀 개나리처럼 눈부신 예은이가 선
영을 향해 발그레한 얼굴로 말했다.

"사모님, 미안해요."

20년도 더 지났건만 지금도 소녀의 티를 벗고 여성의 향기
를 살포시 풍기던 그 아이의 얼굴은 선영의 기억 속에서 여전
히 빛이 났다.

"엄마, 많이 피곤해? 괜찮은 거지?"

연희의 목소리에 먼 기억을 서둘러 떨쳐내는 선영의 두 눈

에 걱정 어린 연희의 얼굴이 들어왔다.

"으응, 그럼, 잠깐 졸았나 보다."

"그래? 엄마, 나 갔다 올게. 할머니, 할아버지한테 오늘 못 가서 미안하다고 전해 줘요. 아빠, 운전 고맙습니다."

어느새 차에서 폴짝 뛰어내린 연희가 손을 흔들었다. 아직은 소녀티를 채 벗지 못했지만 활짝 핀 꽃송이 같은 딸 때문인지 구름이 잔뜩 낀 하늘조차 환하게 느껴졌다. 봄에서 다시 봄으로 이어지던 그 시간 속에서 그 아이도 저렇게 빛이 났다.

"여보 괜찮아?"

대학교 교정으로 사라져 가는 연희를 멍하니 바라보고 있는 선영을 향해 태호가 걱정스러운 표정을 지었다.

"아, 응. 우리 딸이 너무 예뻐서 꽃 봄꽃 같네."

"그럼~! 누구 딸인데! 당신 앞자리로 오지 그래?"

태호는 선영이 두고두고 놀리는 딸바보 아빠 같은 표정으로 연희가 사라진 대학교 입구를 바라보며 히죽히죽 웃었다.

위염이 심하다며 병원에 입원한 시어머니를 보러 가는 길에 학교 앞에 내려 달라고 조르던 연희를 내려준 후 태호와 선영은 병원으로 향했다. 시어머니는 벌써 여러 번 같은 증세로 입원 중이었다. 워낙 예민한 분이라 그 엄살에 단련이 되었지만 그래도 병원에 들러 살펴 드리고 며칠 엄살을 받아들여야 다시 집으로 돌아갈 터였다.

"어째 연희는 안 왔니?"

죽과 집에서 한참을 달인 양배추즙을 들고 입원실에 들어서는 선영과 태호의 인사를 대강 받으며 이순희 권사가 고개를 빼고 물었다.

"어제 왔다 갔잖아. 어미가 연일 고생이 많다."

읽던 신문을 접으며 권인찬 장로가 이 권사 앞에 환자용 침대에 부착된 탁자를 펼쳤다.

"내일 천안으로 내려가려고 한다. 의사도 걱정할 만한 상태는 아니니 집에서 잘 쉬라고 하고….'

선영이 죽과 함께 먹기 좋게 준비한 담백한 밑반찬을 차리자 이 권사는 숟가락을 들며 탁자에 다가와 앉았다.

"의사가 뭘 알아. 나는 위가 아파서 밥을 못 먹겠는데."

"어머니, 그러니까 스트레스받지 말고 마음을 편히 가지세요. 공중의 새도 살피시는 하나님께서 염려하지 말라고 하셨잖아요."

태호가 물을 채운 컵을 이 권사 옆에 놓았다.

"그러게나 말이다. 매일 말씀을 읽으면 뭐 하누."

권 장로가 보호자용 침대에 앉으며 다시 신문을 펼쳤다.

"어머니 몸이 많이 약해지시니 위도 더 예민해지시는 거겠지요. 어머니, 마음을 편히 가지세요. 제가 죽과 양배추즙을 가져가시기 좋게 넉넉하게 준비해서 내일 퇴원하실 때 가져올

게요."

"그러게, 늙어서 그런가… 봄이 올 무렵이면 나도 모르게 울화가 올라오니 어쩌니. 에구, 나도 지겹다. 내 마음이 내 맘대로 안 된다."

20년 전 봄, 태호가 선영과 결혼하겠다고 했을 때 이 권사는 열흘이나 곡기를 끊고 금식을 하며 이혼녀인 선영이 총각인 태호와 결혼하는 것은 하나님의 뜻이 아니라고 반대하였다. 두 사람이 결혼 후 연희가 태어나고 한결같이 야무지게 가정을 꾸리는 선영에게 더 이상 원망할 마음이 사라진 후에도 그때 생긴 위염이 봄만 되면 이 권사를 찾아오곤 했다. 나이를 먹으면서 몸이 약해진 탓에 더 예민해진 이 권사는 위염이 도지면 위염과 함께 불현듯 찾아오는 20년 전의 원망과 서운한 감정을 주체하지 못해 천안에서 선영이 사는 서울까지 올라와 사나흘씩 병원에 입원하곤 했다. 이 권사는 며느리의 살뜰한 돌봄을 며칠 받고 천안으로 돌아갈 때면 권사라는 사람이 케케묵은 서운함을 완전히 털지 못하고 며느리에게 어리광을 부린 것이 미안해졌다. 아무 불평 없이 자신의 엄살을 받아 주는 선영에게 고마워서, 이 권사는 천안으로 가는 기차 앞에서 두 사람이 먹을 음식을 꼼꼼하게 챙겨 배웅하러 온 선영의 손을 꼭 잡아 주곤 했다. 권 장로는 이 권사도, 며느리 선영도 안쓰러워 그저 모르는 척 적당히 이 권사의 비위를 맞춰 주면서 대수롭지 않은 일인 양 행동했다.

"여보, 고마워. 엄살쟁이 시어머니를 두어서 당신이 고생이 많네."

집으로 돌아가는 차 안에서 태호는 선영의 손을 따뜻하게 잡았다.

"무슨, 어쩌다 한 번 그러시는 걸. 연세가 드시니까 위가 더 예민해지시는 거지." 선영은 태호의 손에 자신의 다른 한 손을 얹으며 차창 밖으로 어둠이 내려앉는 도시를 바라봤다.

"이제 연희도 대학에 들어갔으니 벚꽃이 피면 우리 춘천으로 꽃구경이나 갈까? 1박 2일로?"

"꽃구경 좋죠. 올해는 유난히 춥고 겨울이 길어서 3월에는 꽃구경이 힘들 것 같지만….."

"그럼 춘사월에 가지 뭐."

"네, 그래요." 선영의 눈에 들어오는 도로를 따라 늘어선 가로등과 건물에 켜진 불빛이 마치 어둠 속에 만개한 꽃 같았다.

'꽃구경이라…. 봄꽃은 문화대학교 교정이 정말 예뻤는데….'

봄이 되면 도서관 옆으로 줄을 지어 심긴 벚나무와 동아리 건물로 이어진 울타리를 따라 피어난 개나리가 교정을 꽃축제의 장으로 만들곤 했었다. 봄바람에 꽃향기가 실려 오고 꽃잎이 흩날릴 때 기타를 치는 병진 옆에 동그랗게 앉은 동아리 아이들과 잔디밭에서 찬양을 부르고 있자면 하나님의 나라가 이런 모습인가 착각이 들곤 했다.

"당신도 이 찬양 기억하네? 대학 때 참 많이 불렀지. 그러고 보면 그 당시 소리엘은 크리스천계의 아이돌이었는데 말이야."

즐겨 듣는 기독교 방송에서 익숙한 찬양이 흘러나오고 있었다.

"찬양함에 기쁨을, 감사함에 평안을, 간구함에 하나님, 알도록 하셨네♪"

선영은 그제야 자신이 깨닫지 못하는 사이 라디오에서 나오는 찬양을 따라 부르고 있었음을 알게 되었다. 찬양을 흥얼거리는 태호의 목소리가 편안했다. 꽃이 만발한 대학교 교정에서 힘차게 부르며 천국을 느끼는 것 같았던 이 찬양을 그다음 해에 선영은 혼자 어두운 방에서 듣고 또 들으면서 울었다.

"내가 지쳐 무력할 때 주님 내게 힘이 되시고 아름다운 하늘나라 내 맘에 주시는도다. 우리에게 축복하신 하나님 사랑, 낮은 자를 높여 주시고… ♪"

잊고 있었지만 오래전 그런 날들이 있었다.

"엄마, 미안. 나 리포트를 마무리해야 하는데 노트북 충전기를 방에 두고 왔어. 우리 학교 도서관으로 좀 갖다 줄 수 있어? 2시쯤 도서관으로. 부탁해 엄마. 사랑해!"

모처럼 황사가 없는 맑은 하늘에 봄볕이 좋아 선영은 빨래를 개면서 조금 일찍 나가 봄 햇살을 만끽하며 커피를 마시고 들어오는 길에 장을 볼까 생각하던 참이었다. 연희의 전화를 받고 충전기가 든 종이 가방을 들고 집을 나서려던 선영은 혹시라도 친구들을 만나게 되면 민망할까 싶어 방에 들어가 지난주에 산 블라우스와 카디건으로 갈아입고 거울을 보며 옷맵시를 확인했다.

올 듯 말 듯 망설이던 봄이 찾아온 대학교 교정에는 곧 터질 듯한 꽃망울들이 젊은 청춘들의 마음을 흔들어 대고 있는 것 같았다.

'꽃구경 가자고 해야겠네.'

태호가 말한 춘천 여행을 떠올리며 선영은 연희가 말한 학교 도서관을 찾아 두리번거렸다.

"저, 실례지만 혹시 도서관이 어디에 있어요?"

선영은 아이보리 색 트렌치코트를 멋들어지게 차려입은 여자를 보고 교수나 교직원이라는 생각이 들어 다가갔다.

"저기 벤치 보이시죠? 그 뒤에 있는 붉은 벽돌로 된 건물이 도서관… 어? 사…모…님?"

선영은 자신을 알아보는 사람이 누군지 기억이 나질 않았다.

"저 은혜예요. 문화 대학교 예삶 동아리. 홍선영 사모님… 맞으시죠?"

톤이 조금 높은 목소리를 듣고 있자니 기억이 났다. 단발머리가 참 잘 어울렸던 그 조용했던 아이!

학교 앞 커피숍에서 잠시 기다려 달라고 간곡히 부탁하던 은혜를 기다리며 선영은 따뜻한 녹차 라테를 마셨다. 창으로 들어오는 햇살에 따뜻한 우유와 섞인 녹차의 향기가 달콤하고 부드러웠다.

"사모님, 미안해요."

예은이 당연하다는 듯 조수석에 올라앉으며 선영을 향해 수줍은 꽃봉오리 같은 얼굴로 말했다. 행사에 필요한 것들이 담긴 가방을 들고 다른 동아리 아이들과 함께 나오느라 조금 뒤처진 선영이 조수석을 향해 걷다 멈춰 섰다. 동아리 총무 민진이 선영의 손에 든 것을 장난스레 빼앗아 들고는 승합차 뒷문을 열었다.

"사모님, 우리하고 같이 뒤에 타요. 내가 흥흥 사모님 옆자리다! 흥흥흥!"

"회장 그런 게 어딨어? 내가 흥 사모님 옆에 탈거지흥!"

선영이 차에 오르는데 민진의 앞에 끼어든 선우가 선영이를 따라 옆에 털썩 앉았다.

"내가 그 자리 찜했다. 이선우, 너 흥흥 사모님 옆자리 비워 둬라."

트렁크에 짐을 실으며 누군가 말했다. 기억이 희미해져서 이름도 생각이 안 났던, 단발머리가 무척이나 잘 어울리던 아이였다. 이름은 잊었어도 그 아이의 조금 톤이 높은 목소리만은 선명하게 기억에 남아 있었다. 평소에는 아이들 장난에 끼어드는 법이 없고 말이 없던 그 조용한 아이가 던진 말에 평소와 달리 선우는 장난을 멈추고 뒷자리로 옮겨 앉았다.

'아, 맞아. 그 아이 이름이 은혜였지!'

그날은 유난히 봄 향기가 바람에 묻어나는 날이어서 신입생을 대상으로 캠퍼스 전도를 나가는 준비를 하면서 아이들도 선영도 아침부터 소풍 가는 기분으로 한껏 설렛던 날이었다. 그러나 문화 대학교에서 자매 학교인 동부 대학교까지 가는 차 안에서 은혜의 옆에 앉은 선영은 조금 전까지 따뜻하게만 느껴졌던 같은 바람이 차창을 통해 들어와 소풍을 가는 병아리들처럼 재잘대는 아이들 사이를 지나 자신의 목에 스칠 때 소름이 돋았다.

"사모님, 제가 너무 늦었죠? 오래 기다리시게 해서 죄송해요."

다시 보니 목소리뿐 아니라 20여 년 전 차분한 눈매며 단정한 미소가 그대로였다.

"아니야, 옛일을 생각하느라 시간 가는 줄 몰랐어."

선영의 말에 은혜의 미소가 어색해졌다. 아마도 자신 때문에 예전 일을 떠올린 것인가 걱정이 되는 모양이었다.

"이렇게 좋은 봄에 함께 찬양하고 전도 나갈 때면 소풍 가는 기분이었지."

선영의 환한 미소에 은혜의 얼굴이 다시 밝아졌다. 은혜는 딸 연희가 다니는 학교의 부교수로 재직 중이었다. 담당하고 있는 과는 달랐지만 선영의 딸이 같은 캠퍼스에 있다는 말에 은혜는 연희의 얼굴을 꼭 한번 보고 싶다고 했다.

"저, 서울에 사모님 뵈러 왔을 때 미국 유학 준비 중이었어요. 기억하시죠? 사모님께서 떠나신 후 소식을 끊으셔서 모두 정말 걱정했는데. 찻집에서 뵙고 사모님께서 많이 회복되신 것 같아서 마음 편하게 공부하러 갈 수 있었어요."

은혜의 이야기를 들으면서야 선영은 서울역 근처 찻집에서 은혜를 다시 만났던 날을 기억할 수 있었다. 지우려 노력했던 시간과 이어진 탓인지 선영이 망설임과 기대의 어디쯤 있었던 그 무렵 은혜가 서울까지 선영을 찾아왔던 것조차 잊고 있었다.

"김병진 전도사님은 사모님 떠나시고 얼마 뒤 학교를 떠나셨어요. 아마도 선교 본부로부터 사직 권고를 받고 동아리 전도사직을 사퇴하신 것 같아요. 예은이는 휴학했고요."

훙훙 사모님이라고 부르며 선영을 따랐던 동아리 아이들 소식을 일일이 전하던 끝에 은혜가 망설이다 그 이야기를 했던 것도 기억났다. 그때 마시던 재스민차의 유난히 씁쓸했던 맛까지도. 떠나려는 기차 앞에서 말없이 선영을 한참 안아 주던 은혜를 웃으며 보낸 후, 삼 년이나 함께 동아리 활동을 했지만 그날이 은혜가 가장 많은 말을 한 날이었다고, 선영은 집으로 돌아가는 지하철 안에서 생각했었다.

은혜가 선영을 다정하게 바라보며 커피를 한 모금 마셨다.

"얼마 전 기독교 방송에서 우리가 즐겨 불렀던 찬양을 듣는데 사모님 생각이 많이 났어요. 찬양하던 사모님의 목소리가 들리는 것같이 느껴지기까지 했다니까요. 아시죠? 그 찬양? 나의 가장 낮은 마음 주님께서 기뻐하시고… 에고, 음치가 부끄러운 줄도 모르네요."

은혜의 말에서 선영은 따뜻한 배려를 느꼈다.

'이 아이는 20년 전이나 지금이나 변함이 없구나.'

"여전히 고운 목소린데, 뭘. 그러게, 몇 주전인가 차 안에서 라디오를 듣는데 그 찬양이 나왔어. 나도 모르게 따라 부르고 있더라고. 은혜는 목소리가 맑아서 강의 듣는 학생들이 졸지 못하겠는걸?"

선영은 웃으며 녹차 라테의 마지막 한 모금을 들이켰다. 노을이 지기 시작하는 하늘 아래서 선영과 은혜는 연희와 함께 셋이 만나는 다음을 기약했다. 몇 발자국 멀어져 가던 은혜가 다시 뛰어오더니 서울역에서 만났던 그때처럼 선영을 꼭 안고 한참을 가만히 있었다.

"사모님, 다시 만나서, 그것도 이렇게 잘 지내시는 사모님을 만나서 너무 좋아요."

옆자리의 태호가 깊이 잠든 듯 가볍게 코를 골기 시작한 후에도 선영은 쉬 잠들 수 없었다.

"전도사님!"

개나리처럼 나풀거리는 작은 아이가 병진 옆에 있는 자신을 밀어내며 병진을 껴안았다. 그러지 말라고 아무리 그 아이를 떼어내려고 해도 그 아이는 손에 잡히지 않았고 병진은 그 아이에게서 눈을 떼지 않은 채 웃고 있을 뿐이었다.

"제발 그러지 마! 주님 도와주세요!"

허공을 향해 손을 뻗으며 번쩍 눈을 떴다. 잠결에도 선영의 기척을 느꼈는지 태호가 잠이 가득한 목소리로 물었다.

"여보, 괜찮아?"

괜찮다며 태호를 몇 번 토닥이고 다시 깊이 잠든 것을 확인한 선영은 침대에서 내려섰다. 선영은 흠뻑 젖은 등에 한기가 느껴져서 스웨터를 걸치고 거실로 나왔다. 살그머니 연희의 방문을 열어 보니 도서관에서 만났을 때는 봄 처녀 같던 연희가 개구쟁이 아이처럼 이불을 걷어찬 채 두 팔을 벌리고 자고 있었다. 조심스럽게 이불을 덮어 주면서 아직은 소녀티가 더 많음에도 어른인 척하려고 애쓰는 딸의 얼굴을 가만히 바라보았다. 불현듯 기쁨과 감사가 뭉글뭉글 넘치도록 솟아올라 눈물이 나려 했다.

거실 밖으로 나오니 창으로 보이는 풍경이 밤에서 새벽으로 바뀌면서 조금씩 그 모습을 드러내고 있었다. 부지런한 누군가가 차를 타고 떠나는 소리가 멀리서 들렸다. 몇 달을 방에서 칩거하며 어둠 속에 묻혀 있던 20여 년 전 그때 선영은 잠이 들 수 없어 매일 밤이 새벽이 되는 모습을 젖은 눈으로 지켜보곤 했다.

스물다섯 살의 여름이 끝나갈 무렵 교회 권사님 소개로 대학교 캠퍼스 사역의 비전을 가진 병진을 처음 만났을 때, 선영은 조금 실망했다. 둥그런 인상이 좋은 얼굴이었지만 작다 싶은 키와 땅딸하게 보이는 체구가 맘에 차지 않았다. 그러나 주일 저녁 예배를 마치고 나오는데 기다리고 있던 병진과 저녁을 먹으면서 선영은 자신이 기도해 온 하나님이 주신 배우자가 병진일 수도 있겠다는 생각을 하게 되었다. 별다른 특징이 없는 중국집에서 캠퍼스 사역에 대한 비전을 말하는 병진의 눈에서는 빛이 났고 그의 단호한 목소리는 선영에게 함께 그 비전을 꿈꾸고 싶다는 마음을 품게 했다. 기혼자에게만 허락하는 캠퍼스 사역을 위해 결혼이 필요했던 병진은 적극적으로 선영과의 결혼을 추진했고, 선영은 리더십과 비전이 분명한 병진에게 끌렸다. 둘은 겨울의 끝자락에 결혼식을 올렸다.

신혼집도 없이 병진이 자취하던 방에서 사역을 준비하던 선영과 병진은 대학교의 입학식이 있기 일주일 전에 대전에 있는 문화대학교의 선교 동아리 '예삶'의 담당 사역자로 내려오게 되었다. 갓 신학 대학교를 졸업한 병진과 전도사 사모라는 직책이 여전히 어색한 선영은 뜨거운 열정으로 캠퍼스 사역에 매진했지만, 서툴고 어설픈 탓에 크고 작은 문제들을 맞닥뜨리기 일쑤였다. 그러나 두 사람은 새벽마다 동아리 방에서 손을 잡고 기도하면서 그 위기를 함께 극복해 나갔다. 그리고 경험과 연륜이 쌓이면서 3년째 이어지는 사역은 자리를 잘 잡았고 해마다 예삶 동아리는 더 든든하게 부흥했다.

병진과 선영이 나서지 않아도 훈련받은 임원진이 입학식을 맞아 신입 동아리 회원 모집 행사를 준비할 만큼 자리를 잡은 4년 차에 접어들 무렵부터 선영은 적극적으로 아기를 갖기 위해 노력했다. 그동안 일부러 아기를 갖지 않으려 한 것은 아니었지만 때가 아닌지 아기가 생기지 않았고 동아리 일이 너무 바빴기 때문에 선영은 사역에 집중하면서 조용히 기도만 해왔다. 자신의 노력에도 불구하고 아기가 생기지 않자 선영은 병원에 다녀보자고 조금은 사역적 여유가 생긴 병진을 설득했다. 그러나 병진은 기도하며 기다리다 때가 되면 하나님께서 아기를 주실 거라고 선영을 다독였다. 더욱 간절한 마음으로 눈물을 뿌리며 아기를 주십사 기도했지만 응답이 없어 선영은 점점 마음이 조급해졌다.

단풍이 캠퍼스를 수놓을 무렵, 2학년이던 예은은 당시 동아리 총무를 맡고 있던 민진을 따라 처음 목요 예배 참석했다. 모태 신앙이었지만 대학교에 들어와서 교회를 떠났던 예은은 같은 과 민진을 따라 목요 예배에 와서 은혜를 받았다며 눈물을 흘렸다. 예은은 그 후로 한 번도 목요 예배에 빠지지 않고 설교 시간에 설교 노트를 빼곡하게 적을 만큼 열심이었다. 새 학년이 시작되고 사역의 새로운 시작을 알리는 목요 예배 홍보를 위해 노방 전도를 가는 날, 예은이 처음으로 전도 모임에 나왔다.

막대 사탕을 붙인 목요 예배 전단지와 현수막을 비롯해 필요한 물건을 챙긴 동아리 아이들이 줄을 지어 동아리 승합차로 향했다. 차가 오래된 탓에 밖에서는 조수석 문이 열리지 않아, 운전석에 앉는 병진이 기다리는 선영을 위해 조수석 문을 열어 주었다.

"전도사님, 사모님 잠깐만요!" 하는 차에 들어서려던 선영이 무슨 일이 생겼나 싶어 뒤를 돌아보았다.

"저는 차 뒷자리에 타면 멀미를 해요. 제가 앞에 타도 돼요?"

병진을 바라보던 예은의 눈이 선영을 향했다. 예은의 말에 가져갈 물건을 챙기거나 트렁크에 짐을 싣던 주변의 다른 동아리 아이들이 하던 일을 멈추고 차 문을 열려던 선영과 운전석에 앉은 병진, 그리고 선영을 향해 동그란 눈을 깜박이며 서 있는 예은을 바라보고 있었다.

"야, 임예은! 조수석은 사모님 자리야. 네가 거기 앉으면 안 되지. 멀미가 있으면 뒷자리 앞줄에 앉아."

들고 있던 상자를 내려놓으면 민진이 다가와서 예은의 팔을 살짝 잡아당겼다.

"나는 정말 멀미가 심해서 항상 차 앞자리에 앉아. 게다가 이 승합차는 낡아서 덜컹거린다며."

"창문 열고 가면 괜찮아."

민진의 말에 예은은 팔을 뿌리치며 선영을 향해 울 것 같은 표정을 지었다.

"사모님, 저 멀미가 정말 심한데 노방 전도 정말 가보고 싶어요. 저 앞에 타면 안 돼요?"

선영의 난감한 눈길에 병진이 슬며시 고개를 돌리자 선영은 예은의 어깨를 가볍게 두드리며 뒤로 물러섰다.

"멀미가 심해서 힘들 텐데 노방 전도에 가겠다니 당연히 양보해야. 얼른 타. 아이들하고 같이 타면 나는 더 좋지."

"와, 사모님 감사합니다!"

병진이 조수석에 오르는 예은이 편하게 앉을 수 있도록 조수석 의자에 있던 선영의 물건을 옆으로 치웠다. 고개를 갸웃거리거나 떨떠름한 표정을 짓던 아이들이 하던 일을 계속했고 잠시 후 동아리 멤버들을 가득 채운 승합차는 캠퍼스 주차장을 떠났다.

몇 주 후 동부 대학교로 신입생 대상 캠퍼스 전도 행사를 가던 날, 예은은 빛나는 미소를 머금은 채 다시 병진이 열어 주는 낡은 승합차의 조수석에 사뿐히 올라앉았다. 그리고 행사에 필요한 것들이 담긴 가방을 들고 다른 동아리 아이들과 함께 나오다 조수석 앞에서 멈춘 선영을 향해 발그레한 얼굴로 수줍게 웃으며 말했다.

"사모님, 미안해요."

괜찮다고 대답하는 선영의 눈에 예은은 봄 햇살 아래 활짝 핀 개나리처럼 눈부셨다. 20년이 훨씬 지난 지금도 소녀의 티를 벗고 여성의 향기를 살포시 풍기던 그 아이의 얼굴은 선영의 기억 속에서 여전히 빛이 났다.

홍홍 사모님 옆에 앉겠다며 투닥대던 민진과 선우 대신 은혜가 옆에 앉아 자신을 향해 몇 번이나 미소를 지어 보였지만 동부 대학교까지 가는 내내 선영은 따뜻한 봄바람이 닿는 뒷덜미에 서늘하게 소름이 돋아 자기도 모르게 몇 번이나 어깨를 움츠렸다.

그 후로 예은이는 전도 나가는 날이면 가장 먼저 동아리 방에 와서 이런저런 일을 돕다가 병진이 승합차 조수석 문을 열면 냉큼 그 자리에 올라앉곤 했다. 그리고 어색한 웃음을 담은 발그레한 얼굴로 창밖에 있는 선영을 향해 말했다.

"사모님, 미안해요."

어느 날부터인가는 아침에 병진이 좋아하는 파란색 무늬가 있는 음료수를 동아리 냉장고에 넣어 놨다가 승합차에 오를 때면 그것을 챙겨 운전하는 병진이 마시기 쉽도록 뚜껑을 따서 주기 시작했다. 그것은 선영이 늘 운전하는 병진을 위해 하던 일이었다. 행사가 끝난 뒤 학교 주차장에 들어서면 승합차 조수석에서 사뿐히 내려선 예은은 승합차에 탄 사람들을 향한 것인지 병진을 향한 것인지 모르겠지만 눈부시게 환한 얼굴로 손을 흔들며 사라져 갔다.

예은은 점점 더 적극적으로 동아리 활동에 참여했고 병진이 전하는 말씀을 듣는 중이나 찬양 중에 눈물을 흘리곤 했다. 자신이 동아리 활동에서 받은 은혜를, 특히 병진이 전한 말씀이 주는 감동을 진솔하게 나누는 예은을 볼 때면 신앙이 깊어지는 예은의 모습에 선영은 감사했다. 하지만 예은의 믿음이 단단해지는 것 같을수록 선영은 병진이 강단에 서는 설교 시간이 불편해졌고 동아리 찬양 모임이나 예배에 집중할 수 없어 공연히 그녀가 굳이 나서지 않아도 되는 자질구레한 일들에 몰두했다. 하지만 그녀가 사랑하는 동아리 아이들이 있었고 그 아이들은 병진만이 아니라 자신을 깊이 신뢰하고 늘 가까이에서 함께해 주었기 때문에 선영은 기쁨과 감사를 놓지 않을 수 있었다.

겨울 방학이 끝나고 다시 활기를 찾은 대학 캠퍼스는 초록빛 새순으로 싱그러움이 더해 갔지만 간절히 구해도 아기를 주지 않으시는 하나님에 대한 서운함과 자신과 같은 마음이 아닌 병진에 대한 섭섭함에 선영의 마음은 점점 광야처럼 바짝 말라 갔다. 그럼에도 선영이 사랑하고 아끼는 것을 알고 선영을 귀히 여기며 잘 따르는 동아리 아이들의 떠들썩함과 신앙의 성장을 볼 때면 웃음을 지을 수 있었다. 그리고 다시 봄꽃이 화사해진 캠퍼스의 활기는 선영에게 새로운 회복을 기대할 수 있도록 힘을 주었다.

병진이 동의하지 않았기 때문에 선영은 1년 이상을 혼자 산부인과에 다니며 계속 아기를 갖기 위해 노력했다. 의사는 특별한 이상은 없으나 자궁이 약하고 그녀의 난소 상태가 임신이 쉽지는 않은 상황이지만 노력하면 가능하다고 했다. 병진은 선영이 병원에 다니는 것에 대해 비난하지 않았지만, 선영이 아기 이야기를 꺼낼 때마다 기도해 보자며 깊은 이야기 나누고 싶어 하지 않았다. 선영은 자신이 아기를 갖고 싶어 할수록 병진이 자신에게 거리를 두는 것 같은 기분을 느끼곤 했다.

　다가오는 동아리 야유회에 필요한 장을 보기 위해 시장 앞에서 만난 민진은 선영을 보자마자 눈물이 그렁그렁해졌다. 3학년이 된 민진이 얼마 전 동아리 회장을 맡아서 열정을 가지고 동아리를 이끌어 가기 시작한 참이었다. 무슨 어려움이 생겼나 걱정이 된 선영은 땀에 젖은 민진을 시장 앞에 있는 분식집으로 데려갔다.
　"사모님, 모두 제 잘못이에요. 제가 예은이를 우리 동아리에 데리고 오지 말았어야 해요."
　아주머니가 떡볶이 한 접시를 두고 부엌으로 들어가자 민진이 눈물을 훔치며 옆에 앉은 선영의 손을 잡았다. 순간 선영은 이유를 알 수 없지만 내내 불안했던 것이 다가왔음을 직감했다. 장 볼 목록을 가지러 동아리 방에 들어선 민진은 예은과 병진이 함께 있는 모습을 보고서 그 길로 선영과 만나기로 한 장소까지 한달음에 달려왔다고 했다.
　"예은이가 전도사님을 좋아하는 것이 조금 지나치다고 느껴질 때가 있었지만 그저 조금 극성스러운 것뿐이라고 생각했어요."
　아무 말도 없는 선영을 바라보며 민진은 잠시 망설였다.
　"얼마 전에 선우가 두 사람이 좀 이상한 것 같다고 했을 때

저는 공연한 소리한다고, 사모님 걱정시키지 말라고 그랬는데…. 사모님, 어떡해요."

그러나 아이들 잘못이 아니었다. 어쩌면 선영도 알고 있었던 것 같다. 승합차에 오르면 앞에 앉은 두 사람 사이에서 느껴지던 묘한 설렘의 기운을, 설교를 하거나 찬양을 인도하는 병진을 바라보던 예은의 들뜬 눈빛을, 그리고 가을부터 사역을 마치고 유난히 늦던 병진의 귀가와 겨울이 왔음에도 그에게서 느껴지던 야릇한 봄 향기도….

"사모님, 미안해요."

발그레한 볼을 한 채 자신을 힐끗 돌아보고는 다시 병진을 향하는 그 아이의 눈길과 병진이 좋아하는 파란색 무늬가 있는 음료수를 부끄러운 듯 병진의 손에 쥐여 주는 그 아이의 손길을 뒷자리에서 못 본 척하면서도 자꾸만 가슴이 답답해지고 화가 났던 것은 자신의 착각이나 예민함 때문만이 아니었던 것이다.

"민진아, 걱정 마. 이건 어른들이 해결할 일이야. 너는 네할 일을 열심히 하면 돼. 이 일로 네 믿음이나 동아리가 흔들려서는 안 돼. 문제가 있다면 그건 우리 두 사람의 잘못일 뿐이야. 그런데 혹시 오늘 장 보는 것을 도와줄 친구가 있을까? 아침부터 머리가 아프더니 좀 힘드네."

파리한 얼굴로 눈물 한 방울 흘리지 않는 선영을 대신해 눈이 붓도록 울고 난 민진은 부회장인 선우를 불러 같이 장을 보러 갔다.

　며칠 동안 동아리 모임에 안 나가고 누워만 있던 선영이 야유회 날도 몸이 안 좋다고 하자 걱정스레 선영을 바라보던 병진이 혼자 집을 나섰다. 지난 5년간 눈물의 기도로 채웠던 작은 방이 덩그렇게 비어 버린 기분이 든 것은 선영의 마음이 텅 비었기 때문이었다. 민진이 선영을 안고 선영을 대신해 펑펑 울던 날, 눈물 한 방울 흘리지 않던 선영은 지난 며칠간 이 작은 방에서 혼자 울고 또 울었다. 울고 몇 자 쓰다가 또 울면서 써 놓은 편지를 식탁에 남겨 둔 채 선영은 짐을 싸서 친정으로 향했다. 결혼 전 자신이 지냈던 방에 들어간 선영은 한숨도 자지 못한 채 천정만 바라보며 누워 있었다.

　이튿날 아침, 병진이 친정집에 왔을 때 선영은 그의 얼굴도 쳐다보지 않고 이혼하자는 말만 한마디 했다. "하나님께서 맺어 주신 배필을 버릴 수 없다."라는 병진에게 선영은 그런 걸 아는 사람이 그런 짓을 했냐고 묻고 싶었지만 "네가 버리는 것이 아니라 내가 너를 버리는 거야."라고 말한 후 다시 방으로 들어갔다. 그리고 한참 뒤에 병진이 문 뒤에 미안하다는 말을 남기고 나가는 소리가 들렸다.

　이후 선영은 봄이 다 가고 여름이 오도록 기도하며 울다 지쳐 잠들었다가 다시 깨어 울면서 기도하는 시간을 보냈다. 그리고 밤이 새벽으로 흐르는 그 시간, 세상이 밝아 오는 것을 보며 자신의 어두움이 영영 가시지 않을 것 같은 두려움에 온몸을 떨었다. 그 당시 선영이 할 수 있는 것은 찬양 속 가사처럼 아무것도 없었다. "내가 지쳐 무력할 때 주님 내게 힘이 되시고…." 아무리 그 찬양을 읊조리며 울어도 힘이 나지 않았다. "우리에게 축복하신 하나님 사랑"을 간구해도 자신의 상처는 아물지 않을 것 같았다. 다시는 천국 같았던 그 시간으로 돌아갈 수 없음에, 기도 가운데 선택한 배우자가 준 상처에, 그런 상황을 허락하신 하나님께 그리고 온 맘으로 사랑하고 아꼈던 아이들을 섬기며 기쁨과 평안을 찬양했던 시간으로부터 배신당한 것에 절망했다. 하지만 포기할 수 없어서 선영은 읽어지지 않고 믿어지지 않는 말씀을 꾸역꾸역 넘겨 가며 견뎠다.

우는 시간보다 울지 않고 견딜 수 있던 시간이 길어지던 어느 새벽, "내가 여호와를 기다리고 기다렸더니 귀를 기울이사 나의 부르짖음을 들으셨도다 나를 기가 막힐 웅덩이와 수렁에서 끌어올리시고 내 발을 반석 위에 두사 내 걸음을 견고하게 하셨도다"라는 시편 40편 1-2절의 말씀이 선영의 가슴에 뜨겁게 박혔다. 매일 그 말씀을 읽고 되새기며 그 말씀을 붙들고 기도하기 시작했다. 여름의 뜨거움이 다소 가시기 시작할 즈음 선영은 자신에게 주어진 상황을 받아들이고 마음을 추스른 후 예전에 일했던 출판사에 다시 출근하기 시작했다. 책을 만들며 맛보았던 예전의 보람을 다시 맛보는 사이 상처가 아물고 새살이 조금씩 단단해졌다. 그 무렵 출판사 선배를 만나러 온 태호와 인사를 나누게 되었다. 미국 유학에서 돌아온 태호가 선영이 다니는 교회에 다니고 있음을 알게 된 후, 둘은 교회에 오가는 사이 잠깐씩 대화를 나누면서 친해졌다. 사계절이 지나는 동안 한결같은 태호의 간청에 거절이 주저함으로, 얼마 후 망설임으로 그리고 기대와 희망으로 변하는 사이 두 사람은 연인이 되어 있었다.

아마도 태호의 구애에 망설이면서도 희미하나마 기대를 품기 시작했던 그 시기였던 것 같았다. 어렵게 수소문한 끝에 선영과 연결된 은혜가 서울로 찾아와서 동아리 아이들과 병진에 대한 소식을 전한 것이…. 이미 미움과 서운함을 잊기 위해 그 시간의 아름다웠던 추억조차 지워 버렸던 탓에 찾아온 은혜가 고마웠을 뿐 더 이상 어떤 감정도 느껴지지 않았다. 아마도 그래서 서울역 앞 찻집에서 만났던 은혜와의 시간도 묻어 버린 과거와 함께 잊었던 모양이었다.

당시 천안 교회의 집사였던 태호의 부모는 아들이 데려온 이혼녀에게 눈길도 주지 않으며 단호하게 말했다.

"안 된다. 우리는 허락할 수 없으니 그렇게 알아라."

이순희 집사의 열흘 금식 기도에도 불구하고 태호는 두려움에 도망치려는 선영을 놓지 않았다. 유학까지 다녀와 혼기를 놓친 아들이 걱정이었던 권인찬 집사가 아내와 아들의 갈등을 해결하기 위해 허물없는 사람은 없다며 선영의 흠을 덮어 주자고 나섰다. 억지로 허락받은 결혼 1년 만에 연희가 태어났고 서늘하던 이 집사의 눈길은 연희의 꼬물거림에 따뜻하게 달라졌다. 그리고 한결같이 야무지게 자신의 역할을 잘해내는 선영을 조금씩 가족으로 받아들이게 되었다.

연희에게 젖을 먹이면서 선영은 병진이 아기를 갖는 것을 주저했던 이유를 어렴풋이 짐작하게 되었다. 아기를 갖지 못한 원인은 자신이 아니라 병진에게 있었던 것이 아닐까, 그래서 아기를 갖고 싶어 하는 자신을 부담스러워했던 것이 아닐까 생각했다. 하지만 이미 지난 일이었고 선영은 대전에서의 시간을 기억 속에서 완전히 지우고 살았다. 그래서 모두 잊었다고 생각했다.

하지만 사실은 꾸역꾸역 기억의 구석에 밀어 넣고 못 본 척하며 20년을 살았던 것이다. 봄꽃 같은 딸 연희를 통해, 그 오랜 세월에도 자신을 잊지 않고 한눈에 알아봐 준 은혜를 통해 하나님께서는 선영의 상처를 20년 만에 다시 열게 하시고 제대로 아물 시간을 주셨다. 그 봄날의 아름다움이 고스란히 다시 찾아온 이 봄에.

'하나님의 타이밍은 참으로 기가 막히기도 하지.'

"사모님과 전도사님께서 떠나시고 다음 전도사님께서 파송 받아 오시기까지 예삶 아이들은 동아리를 떠나지 않고 자리를 잘 지켰어요. 사모님께서 두 분의 일로 예삶이 흔들려서는 안 된다고 당부하셨다며 회장과 부회장이 정말 열심히 했어요. 졸업한 후에도 종종 후배들을 격려하러 다녀오곤 했나 보더라고요. 유학 다녀와서 들었어요. 저희들 가끔 만나고 있거든요."

커피숍을 나서기 전 은혜는 그때의 동아리 아이들과 만나면서 그동안 찍었던 사진을 보여 주었다. 민진과 선우 그리고 선영이 마음을 다해 사랑했던 아이들은 은혜가 보여 주는 사진 속에서 조금씩 나이를 먹어 가고 있었다. 이제는 다시 만나면 예전처럼 "애들아"라고 부를 수 없을 만큼….

학교를 졸업하고도 믿음을 지켜 온 그 아이들은 자신들에게 상처를 준 병진과 선영을 위해 생각날 때마다 기도해 왔다고 했다. 몸부림치던 어둠 속에서 새벽으로 나올 수 있었던 시간을 온전히 자신의 믿음과 기도로 극복한 것이라 생각했던 선영은 흐느껴 울었다. 그 긴 터널을 지날 수 있었던 것은 홍홍 사모님을 아꼈던 아이들의 기도 덕분이었던 것이다.

"뒤늦게 신학을 공부한 선우가 몇 년 전 전도사님을 우연히 만났대요. 어느 작은 시골 교회에서 목회를 하고 계시다고 하더라고요."

은혜는 병진의 이야기를 듣고도 말없이 고개만 끄덕이는 선영을 향해 힘주어 말했다.

"저희는 전도사님과 사모님과 함께한 시간이 너무 소중하고 좋아서 그 후에 조금 힘들었던 시간쯤은 아무렇지 않았어요."

은혜와의 만남 후 선영은 은혜가 들려준 이야기를 곱씹으면서 잊은 줄 알았던 시간들을 담담하게 떠올릴 수 있는 용기를 얻게 되었다. 아이들은 자신들에게 지울 수 없는 상처를 주었던 자신과 병진을 탓하기보다 함께한 시간의 소중함만을 기억하려고 노력했다는 것이 선영에게 너무도 큰 위로가 되었다. 기도로 중보해 준 그 아이들 덕분에 자신도, 그리고 병진도 이렇게 각자의 삶을 무사히 살아오고 있었다는 생각에 선영은 마음이 따뜻해지는 것을 느꼈다.

새벽의 희미함이 아침 햇살에 환하게 물러나는 모습을 보며 선영은 앞치마를 두르고 도마 앞에 섰다. 하나님께서 사람을 사용하시는 방식이나 사람의 인생을 이끌어 가심에는 사람이 알 수 없는 그 분만의 뜻이 있음을 선영은 깨달아 왔다. 지금 선영이 자르는 호박이 된장찌개의 재료가 될지 볶음밥의 재료가 될지 호박은 알 수 없는 것처럼. 뚱딴지같은 자신의 신앙 고백에 호박을 자르면서 선영은 쿡쿡 웃었다. 오늘 아침 태호, 연희와 함께 할 아침 식탁에 올릴 호박볶음이 유난히 맛있을 것 같았다. 양파와 붉은 고추를 얹은 호박볶음을 접시에 담으면서 선영은 생각했다.

'이번 주말에 태호 씨와 춘천에 가야겠다. 흩날리는 꽃잎 속에서 손을 잡고 걸으며 꽃향기 가득한 데이트를 하고 와야겠다. 20여 년 전 초록으로 가득한 잔디밭에서 사랑하는 예삶 아이들과 부르던 찬양을 태호 씨와 함께 부르며 그때 맛보던 천국을 둘이서 실컷 맛보고 와야겠다.'

"우리에게 축복하신 하나님 사랑 낮은 자를 높여 주시고 아름다운 하늘나라 허락하시고 내 모든 것 예비하시네, 찬양함에 기쁨을, 감사함에 평안을, 간구함에 하나님, 알도록 하셨네 ♪"

태호를 깨우러 가면서 찬양을 흥얼거리는 선영은 그렇게 특별한 봄에 만난 천국을 이미 걷기 시작했다.

박현정

10년을 넘게 미국에 살았음에도 여전히 서툰 영어와 유일하게 유창한 한국어로 가르치는 소명을 붙들고 살면서, 분주한 일상 가운데 떠오르는 것들을 말이 아닌 글로 써 내려가는 고요한 시간이 행복하고, 또한 그 시간을 사랑한다. 미국 캘리포니아에서 특수 학급의 보조 교사와 한국어 교사로 일하고 있다.

단편소설
가작

알록달록 스카프

김유미

"하나님을 사랑하는 사람들, 곧 하나님의 뜻대로 부르심을 받은 사람들에게는 모든 일이 서로 협력해서 선을 이룬다는 것을 우리는 압니다." (로마서 8장 28절, 새번역)

"협력해서 선을 이룬다"라는 말씀은 그리스도인이라면 '기도하라'는 말만큼이나 자주 듣게 되는 말씀입니다. 대개 삶이 조화롭지 못하고 어렵사리 세운 뜻이나 애쓴 노력이 모두 물거품이 되어 가는 것처럼 보일 때, 그래서 고마운 마음보다는 절망과 회의가 마음을 차지할 때, 신앙의 선배들은 "모든 일이 협력하여 선을 이룰 거"라며 말씀을 통한 위로와 격려를 건넵니다. 너무도 소중한 말씀입니다. 하지만 언제부턴가 이 말씀을 듣노라면 상투적인 말치레로 들립니다. 껍데기만 쥐고 있는 것처럼 공허합니다. 무언가를 놓치는 것 같습니다.

이 말씀을 잘 알아듣고 싶어 좀 더 귀를 기울여 묵상 가운데 머물렀습니다. 그리고 묵상 중에 그 안에 숨어 있는 작은 진실 하나를 만났습니다.

알록달록 스카프

에휴, 엘리베이터 앞에 사람들이 있다. 사람 좀 없게 해달라고 기도까지 했건만, 예수님은 그런 사소한 바람도 들어주지 않는데, 어른들은 왜 자꾸만 기도하라는 걸까?

'에잇, 짱나. 힘들어 죽겠는데….'

등에는 금방이라도 지퍼가 터질 것처럼 빵빵해진 책가방을 짊어지고 있었다. 한 손에는 비가 뚝뚝 떨어지는 우산을, 다른 손에는 교회 문예지 자료들을 한 보따리 들고 있었지만 나는 307호 우리 집까지 걸어서 올라가는 것을 선택했다. 젊디젊은 내가 이 사람들과 함께 엘리베이터를 타고 3층에서 내리면 따가운 눈총을 받을 가능성이 무려 오백 퍼센트.

한번은 눈이 멀 것만 같은 야광 꽃분홍색으로 아래위를 차려입고, 심지어 가방과 구두마저 색깔을 맞춰 멀미가 날 지경이었던 어떤 할머니가 "어린 게 3층쯤은 걸어서 다녀라!"라고 쏘아붙여서 얼굴이 화끈거렸던 적이 있었다. 그 말이 고약하게 들려서인지 아니면 할머니의 진한 화장품 냄새 때문인지, 기분마저 고약해졌던 그날 이후로 엘리베이터 앞에 사람들이 있으면 얼씬하지 않는다. 그래도 오늘처럼 짐이 많은 날에는 엘리베이터 이용에 조금은 당당할 수 있다. 하지만 나는 존심 있게 계단으로 향했다.

발걸음을 한 계단 한 계단 옮길 때마다 쇳덩이로 된 신발을 신은 것 같았다. 팔다리는 늘어지고 기운이 솔솔 빠져나가는 사이에도 숨은 턱 밑까지 부지런히 차올랐고 뱃속에선 뜨거움도 치밀어 올랐다. 소화 불량에 걸린 활화산이 뻘건 용암을 게워 내듯 울뚝불뚝 토해 내는 뜨거움이다. 옛날 그 꽃분홍 할머니가 떠올라서도 아니고, 엘리베이터 앞에 사람들이 바글대서도 아니다. 그래, 그 애 때문이다. 버튼을 꾹꾹 눌러 현관 문을 열어젖히자마자 나도 모르게 입에서 거친 말이 쏟아져 나왔다.

"에잇! 도대체 인간이 왜 그 모양이야?"

마루에서 TV를 켜놓은 채 부추를 다듬고 계시던 엄마가 놀란 봄이 눈으로 날 바라보셨다. 봄이는 우리 집 고양이다. 봄이가 놀랄 때면 세상 그토록 동그란 게 있을까 싶을 만큼 눈이 동그래진다.

"아이고, 깜짝이야! 왜 그래? 투덜이 공주님. 또 무슨 일 있었어?"

요사이 엄마는 나를 자꾸 '투덜이'라고 부르는 버릇이 생겼다. 몇 주 전 교회 집사님들이 우르르 집에 쳐들어온 적이 있었는데, 내 기억에는 그때부터인 것 같다. 집사님들이 거실에 계시는 동안 난 방문을 닫아걸고 꼼짝도 안 했다. 그래도 엄마가 날 두고 쑥덕거리는 소리는 이상하게 귀에 또렷이 꽂혔다. 잠들어 있던 초능력이 발휘되는 순간이다.

"아유, 말도 마요! 애가 왜 그렇게 매사에 생트집을 잡고 짜증을 부리는지…. 요즘은 완전 투덜이라니까요. 투덜이!"

우리 집에 '애'라고 부를 만한 게 둘이다. 그러나 동생이 아닌 날 두고 한 소리라는 걸 단번에 알았다.

"미소가요? 내 보기엔 너무 싹싹하고 야무지던데."

박 집사님 목소리다. 역시 박 집사님은 항상 날 예쁘게 봐주셨지. 하긴 그 집사님의 눈에 누군들 안 예쁠까. 애들이라면 늘 눈에 하트가 그려지는 분이다.

"에휴, 우리 애도 그랴. 얼굴에 짜증이 한 바가지야. 말수도 눈에 띄게 줄고…. 걔한테서 대답 한번 들으려면 속이 터져. 아주 상전이 따로 없다니까."

교회 친구 선영이 엄마 목소리다. 선영이가 말수가 적다고? 그 앤 구제 불능 수다쟁이에 입방정 달인인데 뭔 소리를 하시는 건지.

"한참 사춘기인데 그 정도는 자연스러운 거 아니에요? 우리도 그때 그러지 않았나? 아니, 더 했지 아마."

누구 목소리인지 잘 모르겠다. 그런데 모두 탄성을 지르며

격하게 공감하는 것 같다. 그리고 사춘기에 나타난다는 심리적 육체적 증상들을 서로 앞다투어 읊어 대기 시작했다. TV나 수업 시간에 들었던 새삼스러울 게 없는 얘기였다. 애들 걱정으로 시작된 수다는 어느새 당신들 사춘기 때로 옮겨 갔다. 언뜻 가출이니 땡땡이니 하는 흥미진진한 소리가 들리긴 했으나 난 초능력을 거둬들이기로 했다. 집사님들의 밑도 끝도 없는 수다와 시끌벅적한 웃음소리를 견디려면 모든 감각을 최대한 둔하게 만드는 게 유리하다.

하여간 그때부터 엄마는 나를 '투덜이'라고 부르기 시작했다. 여러 번 사용 금지를 진지하게 요청했으나 소용이 없었다. 대신에 '투덜이'에 공주님을 붙여 물타기를 시도했다.

"엄마! 투덜이라고 부르지 말라니까!"

사춘기 자녀를 키우는 엄마의 스트레스를 그런 식으로라도 풀려는 것 같아 그냥 들어 줘야 하나 싶지만, 그래도 가끔은 이렇게 거부감을 표시해야 한다.

"아유, 그래그래. 귀하신 따님께서 오늘은 무슨 일로 그렇게 심기가 불편하실까?"

"그게 말이야….."

그렇다! 불쾌하고 거슬리고 짜증 제대로인 이 기분은 다 그 애 때문이다. 투덜이라는 별명 때문이 아니었는데, 피곤해서인지 집중력이 떨어졌다. 허접한 별명 따위는 지금 그다지 중요하지 않다. 그보다 훨씬 수준 높고 복잡한 인생의 문제가 내 앞에 놓여 있으니까. 하지만 바로 그때 바닥에 펼쳐 놓은 부추가 먼저 눈에 들어왔다.

"엄마! 또 부추전이야?"

"아빠가 좋아하시잖니. 비 오는 날엔 꼭 찾으시니."

"우리 집 반찬은 맨날 아빠 위주야. 딴 집들은 몽땅 애들 입맛에 맞춰 준다던데…. 하긴 비 오는 날 부추전이나 기대하는 촌스러운 아빠가 문제지 뭐. 피자나 치킨을 찾는 세련됨을 갖추시면 좋으련만."

"히히. 좀 그런 감이 있지. 근데 미소야, 너 아까 하려던 말 뭐니?"

"아참! 그렇지. 으이그, 엄마 때문이야. 부추를 보니 짱 나서 또 옆길로 샜잖아."

저런 풀떼기만 식탁에 오르는데 집중력이 있을게 뭐람.

"역시 오늘도 '창문' 반에 새로 오신 분 때문이지 뭐."

'창문'은 우리 교회 중등부가 1년에 한 번 발간하는 문예지 이름이다. 창조와 문학에서 첫 글자 하나씩을 따서 지었단다. 그리고 하나님을 향해 마음의 창문을 연다는 깊은 의미도 있다. 좀 올드하지만 진지해 보여 마음에 든다.

"창문 반에 새로 오신 분? 아! 몇 달 전에 왔다는 그 애?"

"맞아. 그 재수탱이!"

나 강미소는 교회 학교 중등부에 올라오자마자 중대한 결정을 두 가지나 내렸다. 문학에 나의 소중한 일생을 바쳐 보겠다는 결심이 그 첫 번째고. 나날이 지루해져 가는 교회 문예지에 참신한 새바람을 불러일으키겠다는 것이 두 번째다. 사실 초등학교 시절 학교 신문 기자로 활동한 나로서는 자연스러운 결론이었다. 이 두 가지 위대한 결정 사항에 대하여 예수님도 찬성하실 거라고 굳게 믿고 있었다.

그런데 느닷없이 그 애가 나타났다. 지난해 전국 초등생 글짓기 대회에서 우수상을 차지했다던 그 애. 갑자기 등장한 아이인데도 불구하고 그 애는 창문 반을 이끄는 선생님과 아이들의 기대를 한 몸에 받았다. 거기까지는 뭐 이해할 수 있다. 내가 좀 더 일찍 문학에 뜻을 두지 못해 그깟 대회에서 수상 경험을 쌓지 못한 걸 누굴 탓하겠는가. 문제는 올해 문예지의 주제와 짜임새를 결정해 가면서 발생했다. 중등부 문예지는 항상 신입생들이 주축이 되어 만드는 게 우리 교회의 전통이다. 올해는 창문 반에 신입생이 모두 일곱 명이다. 그중에서도 그 애와 내가 가장 열심이었으니 자연스럽게 둘이 결정하는 일이 많았다. 그런데 그 애는 나랑은 완전 딴판이었다. 사사건건 갈등이 생겼고, 의견을 맞추는 게 남북통일보다 어렵게 느껴졌다. 하지만 이상하게도 선생님과 2학년 언니들은 그 애 말이라면 꿀물이라도 들이마신 듯 달콤하게 반응했다. 하긴 그렇게 알랑대는 애를 그 누가 단호히 거부할 수 있겠는가. 며칠 전 국어 시간에 배운 사자성어가 있었는데, 뭐였더라? 아! 그래. '목불인견(目不忍見)'이란 말이 딱 들어맞았다. 모든 면에서 솔직한 나와 그처럼 이중인격자 같은 애랑은 일상의 대화도 쉽지 않은데, 문학과 신앙을 논해야 한다니….

"그래서? 오늘은 또 무슨 일이 있었는데?"

엄마는 그동안 창문 반 이야기를 하나도 빠짐없이 보고받아서 배경 설명을 일일이 나열할 필요가 없어 좋다. 게다가 예상외로 객관적인 엄마에게 나는 기자 출신답게 사건의 핵심을 분명하고 간결하게 전달하고자 노력했다. 오늘의 핵심은 문예지에 올릴 글을 어떤 방식으로 모을지에 대한 거였다. 하지만 그 애 의견은 너무 단순하고 유치해서 놀라울 뿐이다.

"내 참, 교회 학교 애들 중에 글 잘 쓰는 애들만 뽑아서 원고를 모으자는 거야. 그러기 위해 글짓기 대회를 열겠다나? 하여간 대회는 대따 좋아해요. 그렇게 좋은 글만 뽑는 걸로 끝이 아니고, 그 글들을 또 추리고 다듬어서 모든 사람에게 내놓아도 부끄럽지 않은 명품 문예지를 만들겠대요."

기가 막혀서, 말이 되는가? 교회 문예지가 무슨 여성 월간지나 전문 문학지도 아닌데 잘 쓴 글만 싣는다니…. 게다가 모은 글들을 맘대로 다듬겠다는 건 또 뭐란 말인가? 자기가 뭔데? 이전 문예지가 지루했던 건 사실이지만, 지루함을 벗어나기 위한 방법으로는 정말 최악이다.

"엄마! 교회에 문예지가 왜 있는 거야? 쬐만한 것들이 문예지 활동으로 신앙생활을 잘하고 믿음과 소망을 키우라는 게 목표 아니겠어? 한마디로 이건 교회에서 마련한 교육프로그램 중의 하나다 이거야. 그치? 그러니 좀 더 많은 애들의 진솔한 글을 골고루 싣는 게 상식 아냐?"

"그, 그러게…"

엄마가 긴장하는 것 같다. 말을 약간 더듬으며 코를 긁는 버릇이 나오는 걸 보면…. 엄마는 긴장하거나 난처할 때, 말을 살짝 더듬으며 콧등을 긁적거리는 우스운 버릇이 있다. 외할머니 말로는 어릴 적부터 그랬단다. 솔직히 난 엄마의 그런 행동이 좀 귀엽다. 마치 명랑만화 주인공의 캐릭터가 느껴진다고나 할까. 하지만 지금은 왜 저런 증상을 보이지? 오늘의 핵심은 너무 단순하고 분명해서 판단하기에 전혀 어려움이 없을 텐데. 그러니 긴장할 것도 없지 않은가!

"엄마! 내 말이 틀렸어? 그 수상한 반응은 뭐야?"

"아, 아니. 트, 틀리긴… 네 말이 틀리지는 않지."

"그치? 그치!"

난 그 애의 교만한 사고방식과 문예지 만드는 방법은 몽땅 틀렸으며, 교회 문예지에 대한 내 생각이 지극히 상식적이고 옳다는 걸 낱낱이 주장했다. 그렇게 모두 쏟아놓고 나니 하루

종일 들끓었던 마음이 비로소 진정되는 것 같았다. 엄마는 말 없이 고개를 끄덕거렸다.

"그런데… 미소야. 네 생각도 훌륭하다만, 솔직히 그 애도 틀렸다고는 볼 수 없을 것 같은데…."

엄마는 어렵게 말을 꺼낸 듯, 내 눈을 피하며 또다시 콧등을 어루만졌다.

"뭐라고? 그게 말이 돼? 어디가? 대체 그 애의 뭐가 옳다는 거야?"

"아니, 그, 그게 말이다. 그것이 옳고 그름의 문제라기보다는… 문예지를 만드는 방법이야 여러 가지가 있을 수 있잖니? 네 방법도 괜찮고. 물론 그 애의 방법이 좀 상투적이기는 하지만 딱히 틀렸다고는 할 수 없지 않을까?"

엄마는 벌레에라도 물린 듯 콧등을 계속 긁적거렸다. 귀여워 보이던 엄마의 버릇이 눈에 거슬리기 시작한다.

"뭐가 옳고 그름의 문제가 아니라는 거야! 매사에 옳고 그름이 있고, 하나님 안에서 그것을 잘 분별해야 한다고 누누이 말하지 않았어? 엄마는 집사님이면서 그런 흐릿하고 애매한 말이 어딨어?"

짜증 제대로다. 더 이상 엄마랑 얘기하고 싶지도 않다.

"얘는 내가 집사인 거랑 이게 뭔 상관이라고. 미소야, 엄마 말은…"

엄마가 눈빛을 반짝이며 뭔가 얘기를 시작하려는데, 뚜루 또또 하며 현관문 열리는 소리가 들렸다.

"미소야! 보람아!"

아빠가 돌아오셨다. 덕분에 대화 중단! 그런데 이상하게도 그게 오히려 마음이 놓인다. 엄마가 무슨 얘기를 하려다 말았 는지 궁금하지도 않았다. 내 마음이 왜 이러지? 보람이가 부 리나케 달려 나와 아빠께 꾸벅 인사를 하더니 뭔가 뒷수습이 필요한 듯 자기 방으로 서둘러 사라졌다. 흠… 짜식! 엄마가 나와 얘기를 나누는 동안 몰래 게임 중이었던 게 틀림없다.

"어머나! 당신 어떻게 벌써 오셔요?"

"하하, 얼른 당신 보려고 달려왔지. 고맙게 길도 덜 막히더 라고."

몹시 유감이지만 우리 집에도 목불인견이 있다. 하루의 일 과를 마치신 아빠가 집에 들어서는 순간, 두 분의 태도가 일반 적이라고 보기는 힘들다. 그야말로 한 10년은 떨어졌다가 만 난 사이마냥 서로들 반가워서 어쩔 줄 모른다. 두 분의 재회가 불과 10시간 만이라는 걸 엄마나 아빠 중 한 분이라도 기억하 면 좋으련만….

"어! 당신, 저녁으로 부추전 해줄 건가 보다!"

아빠는 웃옷을 벗다 말고 감동적인 눈빛으로 엄마를 바 라본다. 헐! 허구한 날 올라오는 부추전에 어찌 저런 표정까지….

"구럼, 비도 오시니 울 서방님 젤 좋아하시는 걸로 준비했
쥐."

우웩! 저 겁나게 느끼한 코맹맹이 소리. 단련된 내공의 소
유자인 나도 오늘은 버티기가 매우 힘들다.

아까부터 부엌에서 고소한 냄새가 난다. 인정하기 싫지만
엄마의 부추전 솜씨는 예술이다. 부추와 깻잎이 잔뜩 들어가
무척 향긋한데다 보통의 눅눅한 부침개와 달리 파삭파삭하게
구워 내는 탁월한 기술이 있다. 하지만 그것도 자주 먹어 보시
라. 아빠만 시도 때도 없이 엄마의 부추전을 반긴다. 엄마의
눈에는 그런 아빠의 반가움만 인상적인가 보다. 우리의 반응
은 안중에도 없다. 오늘 저녁 메뉴만 봐도 그렇다. 십 대를 키
우는 가정의 배려라고는 찾아보기 힘들다. 간장에 찌든 고추
절임에 김치만 두 종류, 퍼런 시금치나물과 된장찌개 그리고
부추전이 전부인 무단백 저칼로리, 환자식단 같다. 이런 식생
활이 나를 짜증 많고 예민한 사춘기 소녀로 만드는 건 아닌지
곰곰이 따져볼 일이다.

"에이, 반찬이 이게 다예요? 진짜 허술해!"

보람이가 투덜거리며 볼을 풍선처럼 부풀렸다. 며칠 전 TV
에 나온 아기 복어를 닮았다. 깜찍한 녀석. 용맹스럽기도 하
지! 내가 하고픈 말을 저렇게 단숨에 뱉어 버리다니…. 사실

우리 집에서 반찬 투정은 어림 반 푼어치도 없는 일이다. 역시나 아빠가 보람이의 부푼 볼을 손가락 끝으로 콕 찍어 바람을 빼고는….

"보람아! 카미사와 파우레 생각도 해야지. 이렇게 고마운 음식을 앞에 두고 볼멘소리를 하면 카미사랑 파우레에게 미안하지 않겠니?"

내 저 소리 들을 줄 알았다. 카미사와 파우레는 교회에서 우리 가족이 후원하는 아프리카 친구들이다. 아빠와 엄마는 가정 예배 때마다 카미사와 파우레를 위해 빠짐없이 기도하고 이렇게 우리를 교육하는 자료로도 알차게 애용하신다.

"참, 미소 아빠! 그러고 보니 오늘 미소랑 창문 반 얘기를 했는데…"

어? 갑자기 그 얘길 왜 꺼내시나? 참! 아빠한테는 말씀드리지 말라는 걸 깜빡했다. 아빠가 알게 되는 사안에는 분명 무슨 결론이나 기도요청이 나오기 마련인데…. 대체로 그런 것들은 소화하기 부담스러운 게 많다.

"아하, 엄마 얘기를 들어 보니, 그 애가 틀린 게 아니라, 우리 미소와는 생각하는 방향이 좀 다른 애 같은데? 물론 아빠는 네 생각이 더 매력적이지만 말야. 하하."

별로 웃기지도 않는데 아빠는 썰렁하게 웃으며 엄마와 의견을 같이했다. 거의 그런 식이다. 웬만하면 늘 엄마와 같은 노선이다. 누가 부부 아니랄까 봐. 이럴 때는 정말이지 똑똑한 내 편이 절실하다.

"에이, 누나! 맘에 안 들면 당장 때려치워! 뭐 하러 그렇게 골치 아픈 걸 하냐?"

보람이가 그런 존재가 되어 준다면 얼마나 고맙겠는가. 그러나 내편은커녕 내 인생에 태클이나 걸지 않으면 다행이다. 부추전을 우걱우걱 먹어대며 눈치 없이 끼어드는 보람이를 향해 난 안구 레이저를 매섭게 쏘아 줬다.

"그 애가 틀린 게 아니라 나랑 다른 거라고요? 그럼 내가 틀린 거예요?"

도대체 무슨 말인가? 그 애가 옳다는 뜻인가?

"아니, 미소야. 너도 그 애도 틀린 게 아니라 그냥 다르다는 거야. 여기서 핵심은 말이다. 사람마다 생각이나 방법은 모두 다를 수 있다는 거야. 그러니까 하나님 안에서 서로 다른 생각들을 열심히 모아서 어떤 모양으로든 함께 이루어 가는 게 옳다는 거지!"

아빠는 강조할 때 '핵심'이라는 단어를 즐겨 쓴다. 그런 아빠가 핵심 운운하며 즐겁지 않은 결론을 내렸다.

"맞아! 맞아! 내가 하려고 했던 말이 바로 그거야. 그게 협력이야 협력! 하나님 말씀에도 모든 일이 서로 협력해서 선을 이룬다고 하잖니."

엄마 목소리에 지나치게 힘이 들어갔다. 아까처럼 콧등을 긁어 대지도 말을 더듬지도 않는다. 그런 엄마가 진짜 얄밉다. 내 기분을 눈치챘는지 엄마가 슬며시 한마디 했다.

"미, 미소야. 오늘 저녁 설거지는 엄마가 할게."

금요일 저녁이니 설거지는 당연히 내 몫이지만, 굳이 하시겠다면 양보하지 않을 이유가 없다. 그나마 귀찮은 설거지에서 벗어난 까닭일까? 엄마랑 다시는 말도 안 하리라 굳건한 다짐을 할 참이었는데 마음이 살짝 말랑해진다. 그래도 개운치 않게 무언가 걸리는 느낌은 여전하다. 아빠의 '핵심'이 소화 불량을 일으키는 모양이다.

"누나! 영화 같이 보자."

웬일로 보람이가 내 방에까지 들어와 함께 보자고 손을 잡아끌었다. 짜식 눈치는 있어서 나름 누나의 기분을 풀어 주려는 기특함을 발휘하는군.

"동생아! 이 누나가 그럴 기분이 영 아니시다. 그만 사라져 주라."

방문 틈으로 나를 제외한 세 가족의 단란한 안방극장의 소음이 들려왔다. 날씨 탓인가? 맘도 울적하고 몸은 더 피곤했다. 침대에 누워서도 아까 저녁 식탁에서의 엄마, 아빠 말씀만 빙빙 떠올라 어지러웠다. 빈틈없이 반박하고 싶었는데, 이상하게 아무 대꾸도 할 수 없었다. 잘 따져 보면 내가 맞는 게 아니냐고, 그 애가 나보다 조금이라도 더 틀린 게 아니냐고, 그러니 그런 애의 생각은 무시해도 된다는 얘길 듣고 싶었다. 그런데 서로 다른 거니까 오히려 협력해야 한다고? 괜히 그 애얘기를 꺼낸 엄마가 또다시 원망스럽다. 세상에 어떻게 그런 말도 안 되는 애랑 협력이란 걸 하라는 거야? 진짜 구리다! 내 마음을 예수님이 알아주실까? 설마 예수님도 그 애 편을 드시는 건 아닐까? 그런 예수님을 좋아하는 건 힘들 것 같은데….

"어어? 벌써 아홉 시야? 엄마! 왜 나 안 깨웠어?"

어제 그대로 잠들었나 보다. 밤새도록 그 애랑 교회 앞 마당에서 어릴 때 놀던 땅따먹기 하는 꿈을 꿨다. 그 애는 나보다 손가락도 길고 힘이 센 탓인지 땅을 큼지막하게 차지했다. 그런데도 그 애는 자꾸만 내가 확보한 땅까지 넘봤다. 놀이라는 사실을 잊어버리고 악착같이 자기 땅을 넓히려고 다투던 꿈이었다.

"참! 오늘이 애들이랑 정 선생님 댁에서 점심 먹기로 한 날이지!"

그렇다. 몇 주 전부터 애들이랑 창문 반을 이끄시는 정 선생님 집을 방문하기로 한 설레는 계획이 있었다. 선생님은 결혼하신 지 얼마 안 된 새내기 주부다. 그런데 우리 창문 반의 1학년 동기들만 선생님의 신혼집을 방문하는 영광을 얻었다. 물론 문예지 편집 회의도 겸해서다. 게다가 그 애는 거기 오지 않는다. 뭐 친척 결혼식에 가야 한다고 했지 아마. 그래서 더욱 목을 빼고 기다리던 날이었다.

아침을 먹자마자 서둘러 외출 준비를 했다. 평소에 아껴 두던 흰 블라우스에 청치마를 골라 입었다. 그리고 폼은 나지만 끈을 풀고 조이는 게 번거로워 잘 신지 않던 발목까지 올라오는 운동화도 챙겨 신었다. 드디어 현관을 나서려는 순간, 문득 스카프가 떠올랐다. 그래! 그 스카프를 두르면 더 어른스럽고 근사해 보일 거야.

"보람아! 신발 벗기 힘들어서 그러는데, 내 옷장에서 파란 스카프 좀 갖다 줄래."

"스카프? 응, 알았어."

TV를 보던 동생이 순순히 내 말을 들어줬다. 어째 하루의 시작이 좀 보드랍다. 평소와 다름없이 드렸던 아침 식사 기도가 오늘따라 예수님 마음에 드셨나?

"근데, 누나! 파란 스카프가 어딨어? 아무리 찾아봐도 없는데?"

"구석구석 잘 찾아봐!"

스카프가 많아서 헷갈린다고 하면 이해하겠다. 내가 가진 스카프라야 줄무늬 스카프를 합쳐 두 개가 전부인데….

"누나! 여기 진짜 파란 스카프 같은 거 없어. 딴 데 둔 거 아냐? 잘 생각해 봐."

보람이는 워낙 물건 찾는 일에 소질이 없고 포기가 빠른 녀석이다. 저런 녀석을 믿고 서 있는 내가 미련했지.

"으이그… 알았어, 내가 갈게. 거기 얌전히 있던 스카프가 어딜 갔겠냐?"

막 신발 끈을 풀려는데,

"잠깐 기다려 봐, 엄마가 찾아 줄게. 근데 미소한테 파란 스카프가 있었냐?"

베란다에서 빨래를 널던 엄마까지 스카프를 찾아 주겠다고 나섰다. 그리고 잠시 두 사람이 뭐라고 쑥덕거리는 소리만 들리더니…

"미소야! 파란 스카프 같은 건 없다 애! 그리고 여기…"

"아휴, 그게 뭐 어려운 미션이라고 다들 임파서블이셔!"

짜증 섞인 목소리로 신발을 벗고 찾아 나서려는 순간, 엄마가 스카프를 들고 현관으로 나오셨다.

"혹시 그 파랗다는 스카프가 이 스카프를 두고 하는 말이니?"

"맞아, 그거! 파란 스카프! 거봐. 거기 있었지?"

반갑게 스카프를 건네받는 내게, 엄마는 기막히다는 표정으로 이상한 말을 보태는 게 아닌가.

"내 참, 파란 스카프가 뭔가 했네. 이게 무슨 파란 스카프니? 꽃무늬 스카프지!"

"뭐? 꽃무늬 스카프?"

나는 현관에 선 채로 스카프를 마룻바닥에 활짝 펼쳐 놓으며 설명하기 시작했다. 그것을 왜 반드시 파란 스카프라고 불러야 하는지를….

"어머님, 보셔요. 이 스카프는 파란색 바탕이 면적의 약 50%나 차지하고 있지요? 그리고 이제 보니 어머님이 말씀하신 노란색과 주황색이 섞인 꽃무늬는 약 30%쯤을 차지하고 있군요. 나머지 20%는 체크무늬와 잡다한 모양의 여러 색깔이 뒤섞인 것이니, 스카프를 절반이나 차지하고 있는 하늘빛의 영롱한 파란색을 이 스카프의 이름으로 선택하는 게 몹시 자연스럽지 않을까요?"

나는 과학적 사실만을 전달하는 냉철한 기자처럼 힘주어 또박또박 설명했다. 하지만 엄마는 내 설명이 터무니없다는 듯, 평소와 달리 코를 긁거나 더듬지도 않고 조목조목 당신의 주장을 펼치기 시작했다.

"얘는, 그 파란색은 단지 바탕일 뿐이잖니. 노랗고 주황빛의 알록달록한 꽃무늬가 스카프의 전체 이미지를 강렬하게 주도하고 있으니 꽃무늬 스카프라고 이름 짓는 게 엄마는 더 적합할 것 같은데? 게다가 아까 옷장 속에 구겨져 있을 때 노란 꽃무늬만 보여서 쉽게 못 찾았단 말야. 그 파란 색은 별로 눈에 띄지도 않는다. 얘!"

난 할 말을 잃은 채 옆에 우두커니 서 있던 동생을 바라봤다.

"설마… 너도?"

"응, 나도 노란 스카프라고 했으면 단번에 찾았을 거야."

당황스러웠다. 왜냐하면 난 단 한 번도 그 스카프를 파란 스카프라고 부르는 것에 대해 어떠한 망설임도 없었기 때문이다.

"하여간, 우리 집 식구들은 진짜 이상해!"

나는 엄마와 동생이 이상한 판단력을 가졌다고 생각했다. 이번엔 내 생각이 틀리지 않았다는 걸 모두에게 확인받고 싶었다. 얼른 가서 선생님이랑 애들한테 물어봐야지. 분명 엄마와 보람이의 엉뚱한 판단을 비웃으며, 내가 옳다는 걸 증명해 줄 거다.

선생님 댁은 우리 윗동네에 새로 생겨난 아파트 단지다. 예전에는 낮고 허름한 집들이 빼곡하게 모여 있던 산동네였다. 그런데 언젠가부터 산허리가 뭉텅이로 잘려 나가더니 몇 층인지 세는 것도 헷갈리는 아파트들이 전에 있던 산보다 더 높다랗게 생겨났다. 올려다보면 어지러울 지경이다. 선생님이 알려 주신 동과 호수를 찾아가는 것도 우리 아파트와는 방법이 달라 한참을 헤맸다.

"늦었네? 선생님! 미소 왔어요."

헉! 세상에, 문을 열어 준 건 그 애였다.

"연, 연아. 너 못 온다고 했잖니? 친, 친척 결혼식 가야 한다고…."

"으응, 엄마가 나까지 안 가도 된다고 하셔서… 내가 여기 오고 싶다고 했거든."

그 애 이름이 연아다. 으이그, 이름까지 예뻐서는. 예상치 못한 그 애의 등장에 뇌가 놀랐는지 엄마처럼 말을 다 더듬었다. 안 온다고 했으면 안 올 것이지, 누굴 놀리나? 하여튼 여러 가지로 불쾌한 아이다. 다른 애들도 이미 모두 모여 있었다.

"얼른 와. 미소야. 왜 이렇게 늦었어? 그잖아도 네가 안 와서 문자 하려던 참인데. 선생님이 우리 크림스파게티 만들어 주신대. 완전 대박이지!"

역시 왕수다 선영이가 제일 먼저 설레발을 쳤다. 마루에선 몇몇 아이들이 와자지껄 게임을 하고 있었고, 선생님은 초보 주부답게 땀을 뻘뻘 흘리며 스파게티를 삶고 계셨다. 하지만 여기 오는 내내 스카프에만 정신이 팔려 있던 나는, 지금 스파게티나 게임은 관심 밖이다. 얼른 이 불투명한 기분을 해결해야겠다. 스카프의 이름을 확실히 밝혀서 엄마와 보람이의 코를 납작하게 해줄 거다.

"애들아, 이리 와서 내 스카프 좀 봐 봐! 너희들은 이 스카프를 뭐라고 부르면 좋겠냐?"

난 목에 둘렀던 스카프를 펼치며 다짜고짜 애들한테 물었다. 갑작스러운 내 질문에 서로를 쳐다보며 어리둥절하던 애들은 무슨 수수께끼라도 되는 줄 알고 답을 달기 시작했다.

"체크무늬 스카프!"

설레발 선영이가 제일 먼저 외쳤다.

"야! 그게 말이 되냐? 체크무늬는 가장자리에 아주 쬐금 밖에 없는데? 하긴 너한테 상식적인 판단을 기대하는 건 무리라고 본다."

난 선영이의 대답에 약간의 비웃음을 버무렸다.

"맞아. 체크무늬 스카프는 좀 그렇고⋯ 꽃무늬 스카프가 적당할 것 같은데."

우리 교회 최고 모범생 지혜의 대답이다. 참나, 고리타분하기는. 엄마랑 똑같네.

"아냐, 이 스카프는 물방울무늬가 귀여우니까 방울방울 스카프 어때?"

패션 감각으로는 빼놓을 수 없는 정현이의 말이었다.

"뭐? 방울방울? 근데 내 스카프에 물방울무늬가 있었나?"

그래! 자세히 보니, 정말 아주 자세히 보니까 물방울무늬도 띄엄띄엄 보인다. 맙소사! 내 스카프에 물방울무늬가 있는 건 오늘 처음 알았다. 미치겠다. 다들 왜 이러지? 이게 파란 스카프로 안 보인단 말인가? 이처럼 단순한 게 뭐 어렵다고 저런 엉뚱한 말만 하는 걸까? 어떤 애는 섹시한 스카프, 또 어떤 애는 그냥 스카프라 부르자고 했다. 이 조그만 스카프 한 장을 보면서 이리도 다양한 이름들이 쏟아질 수 있단 말인가?

"미소야, 스카프가 알록달록 예쁘니까 알록달록 스카프라고 부르렴."

스파게티를 볶던 선생님도 한 말씀 거든다. 으앙, 선생님마저! 정말 하나같이 완전 제각각이다.

"내가 보기엔 파란색이 제일 넓은 바탕을 이루고 있으니까 파란 스카프라고 부르는 게 적당해 보이는데?"

우와! 드디어 제대로 된 답이 나왔다. 근데 누구? 반색하며 뒤돌아보니 소파에 얌전히 앉아 있던 그 애다. 연아. 그 재수탱이!

'세, 세상에! 저, 저 애가? 눈을 씻고 찾아봐도 나랑 통할만한 게 하나도 없을 애라고만 생각했는데….'

"미소야! 이제 그만 뜸 들이고 대답해 봐. 답이 뭐야? 이 스카프를 뭐라 불러야 하는데?"

충격으로 한동안 멍때리고 있는 내게 애들은 흥미진진한 얼굴을 하고서 되물었다.

"뭐? 답?"

그래. 내게 답이 있었다. 마음에 정해 놓은 답은 '파란 스카프'였다. 하지만 이제 그걸 답이라고 하기에는 뭔가 많이 모자란 느낌이 든다.

"답이야 뭐… 너희들이 말한 게 모두 답이지….”

내 대답이 몹시 허무했던 모양이다. 애들은 갖가지 짜증과 야유를 퍼부었다. 때마침 선생님의 특제 크림스파게티가 준비되지 않았더라면 아마도 애들의 분풀이가 꽤 길어졌을 것이다. 모두 허겁지겁 스파게티를 먹는 동안, 난 어젯밤 저녁 식사 자리에서 나눈 엄마 아빠의 말씀이 떠올랐다. 도저히 받아들이기 힘들었던 그 말….

'틀린 게 아니라 다른 거야! 사람마다 생각이나 방법은 다를 수 있어. 그러니까 서로의 생각들을 정성껏 모아서 함께 이루어 가는 게 중요한 거란다.'

정말로 저마다 스카프를 다르게 보고 있었다. 게다가 한 번도 눈여겨보지 못했던 물방울무늬를 발견하게 해 준 친구도 있다. 하지만 진짜 어이가 없는 건, 연아도 나처럼 스카프의 파란색을 보았다는 거다. 똑같아서 싸운다던데, 그래서 자주 다퉜던 걸까? 지금껏 연아를 보며 나와 다르다고 씩씩대며 흥분했던 게 너무 우습게 느껴진다.

자꾸만 들뜨는 기분에 스파게티를 씹지도 않고 삼켜 버렸다. 스파게티를 먹다 말고 슬며시 스카프를 펼쳐 보았다. 파랗고 노랗고 알록달록 꽃무늬에 섹시한 스카프… 스카프가 마치 이 세상처럼 느껴진다. 여러 가지 색깔들과 무늬들이 스카프를 예쁘게 장식하고 있는 것처럼 연아나 다른 애들이 나와는 다른 생각으로 세상을 예쁘게 꾸미고 있는 것 같다. 우히힛!
이런 생각을 하는 내가 굉장히 어른스럽게 느껴져 우쭐해지던
찰나.

"선생님! 스파게티 먹고 얼른 편집 회의 해요. 마치고 학원
가야 되거든요."

아이고, 저런 말로 분위기를 왕창 깨는 애가 연아다. 정말
이지 못 말린다.

"그래. 일단 맛있게 먹고, 오늘은 평화로운 편집 회의로 만
들어 보자꾸나."

선생님의 상냥한 목소리가 밥상 위를 감쌌다. 오늘 편집 회
의는 유쾌하고 즐거울 것이다. 적어도 난 연아와 예전처럼 다
툴 생각이 없어졌으니까. 그것만으로도 분위기는 단란해질 게
분명하다. 사실 이번 창문지가 명품 문예지까지 될지는 잘 모
르겠다. 하지만 여기서 '핵심'은, 알록달록 다양한 생각들이 잘
녹아서 예수님이 아주 좋아하시는 문예지가 될 것 같은 예감
은 확실히 든다는 것이다. 마치 여러 가지 무늬와 색깔들로 조
화를 이루고 있는 나의 알록달록 예쁜 '스카프'처럼 말이다.

"하나님을 사랑하는 사람들, 곧 하나님의 뜻대로 부르심을 받
은 사람들에게는, 모든 일이 서로 협력해서 선을 이룬다는 것을
우리는 압니다." (로마서 8장 28절, 새번역)

'선'을 이루는 실마리가 무엇일까요? 그건 하나님의 커다란 은총과 그 안에서 이루어 내는 '협력'이라는 걸 미소의 경험을 통해 알았습니다. 주님은 우리를 하나같이 독특하고 유별난 존재로 지으셨습니다. 그래서 서로가 틀리다 느끼며 괴로워하기도 하지요. 하지만 우리는 틀린 게 아니라 다른 것 같습니다. 그러니 여기에 함께해야만 하는 까닭이 있습니다. 각자 따로 떨어져 있을 때 우리는 불완전하기 때문입니다. 내 것만을 주장하는 것은 불완전을 강조하는 것입니다. 함께할 때, 하나가 될 때, 서로가 협력할 때, 우리는 온전해지고 조화를 이룰 수 있습니다. 비로소 하나님의 형상이 되는 것입니다. '협력'하는 것이 바로 '선'을 이루는 길이라고 믿고 고백합니다.

김유미

정의로운 평화를 가꾸고, 아름다운 기쁨을 누리기 위해 마음을 나누고 글을 짓는다. 단행본으로 《바오로야 땅끝까지 가볼까》, 《예수님은 날마다 웃었어요》, 《솥단지를 뛰쳐나온 소금》(바오로딸출판사) 등을 썼다.

단편소설
선외가작

엄마가 죽었다

김영호

엄마가 죽었다. 아니 돌아가셨다. 모르는 번호로 전화가 왔다. 스팸 번호겠거니 했다. 집요하게 오길래 받았다.

"여보세요. 실례지만 김영희 씨 따님 되시죠?"

"네. 그런데요."

"어떻게 말씀드려야 할지 모르겠지만 지금 한신 병원으로 오셔야 할 것 같습니다."

보이스 피싱인 줄 알았다. 영희 씨가 또 어디서 개인 정보를 놓고 오셨구나 생각했다.

"네? 검사세요? 형사세요? 전 이런 전화 불편하거든요."

평소 말투가 나왔다. 쌀쌀맞게 대꾸했는데도 침착하게 대답했다.

"김영희 씨가 교통사고로 돌아가셨습니다. 한신 병원으로 빨리 오세요."

순간 말을 잃었다. 너무 기가 막히면 어떤 말도 입 밖으로 나올 수 없다는 것을 처음 알았다. 갑자기 고아가 되었다는 슬픔이 나를 흔든 건지도 모르겠다. 한동안 나는 멍하니 창밖을 쳐다봤다.

영희 씨는 대낮 음주 운전 차에 치였다. 장을 보고 돌아오던 영희 씨는 평소 "아버지"라고 부르던 하나님 아버지를 한 번 부르지도 못하고 즉사하셨다.

영희 씨는 올해로 일흔하나다. 원래 일흔셋인데 호적 나이가 늦게 올라갔다고 한다. 작년에 나와 둘이서 조촐한 칠순 잔치를 했다. 함께할 친척도 이웃도 없어 영희 씨가 좋아하는 초밥과 내가 좋아하는 피자를 배달시켜 먹었다.

집안 이야기를 하자면 조금 복잡하다. 아빠는 평소 괜찮은 사람이었지만 술만 취하면 영희 씨를 때렸다. 가끔 나에게도 폭력을 할라치면 영희 씨가 나를 대신해 맞았다. 그 단계가 선을 넘은 어느 날, 영희 씨는 마침내 부엌칼을 들었다. 더는 기억하고 싶지 않다. 나는 아빠가 죽었으면 하고 상상했다.

영희 씨는 언젠가 할머니 이야기를 해 주었다.

"우리 엄마는 참 고왔어. 피부도 하얗고 몸도 가늘었지. 아마 그래서 몸이 약했나 봐. 어릴 적 엄마가 쪄 주신 향긋한 진달래 떡이 생각나. 봄철에 핀 진달래를 곱게 펴서 떡으로 찌시면서 여자는 예쁜 것을 먹어야 곱게 자란다고 말씀하셨어."

그런데 영희 씨는 그렇게 살지 못했다고 한다. 영희 씨가 초등학교 3학년 때 할머니는 병으로 돌아가셨다. 이내 할아버지는 새장가를 들었고 영희 씨는 계모 밑에서 자랐다고 했다. 새엄마는 처음에는 잘해 주었지만 동생이 태어나면서 변했고, 동생의 기저귀 빨래와 온갖 집안 살림을 하면서 영희 씨는 죽은 엄마를 늘 그리워했다고 한다.

할아버지가 사기를 당해 집이 저당 잡혔다. 영희 씨는 열두 살이 되던 해 남의 집 식모로 보내졌다고 한다. 영희 씨는 차라리 식모살이가 낫다고 생각했지만 이내 현실은 그렇지 않았다. 학교는 보내 주기로 약속했었지만 지켜지지 않았고 대신 온갖 살림살이와 주인집 아이들의 뒤치다꺼리로 시간을 보냈다. 다음 해에 집으로 찾아갔지만, 가족들은 어디에도 보이지 않았다.

19세가 된 영희 씨는 식모살이를 관두고 지천 시장 미싱 시다 일을 배우면서 살았다. 밤낮으로 돌아가는 공장은 젊은 처녀에게 감옥과도 같았지만 그래도 언젠가 미싱사가 되어 빨리 돈을 버는 꿈을 꿨다고 한다. 하지만 미싱 일을 하면서 병을 하나 얻었는데, 호흡기 질환이었다. 기관지가 약해 목감기에 걸리면 항상 앓아누웠던 게 이때의 후유증이었던 것 같다. 그러다 영희 씨는 아빠를 만났다. 공장에 원단을 납품하는 기사였던 그는 영희 씨를 보고 한눈에 반했다. 영희 씨도 자신과 비슷한 환경에서 자란 그가 자신을 더 잘 이해해 주리라 생각했다고 한다. 그들은 1년간의 연애를 하고 이듬해 내가 태어났다.

　이제 영희 씨도 행복한 삶을 살겠거니 예상했다면 틀렸다.
　가난을 버티며 살아가던 중 아빠는 느닷없이 출가하겠다며
속세의 연을 끊자고 했다. 영희 씨는 바람을 피운다고 생각했
다. 아빠는 산중으로 간다고 했다. 영희 씨는 모든 걸 이해하
겠으니 무슨 일인지 말하라고 했지만, 아빠는 야반도주하듯이
다음 날 새벽에 떠났다. 개인의 만족과 평화만 추구한 아빠는
이기적인 자였다. 게다가 영희 씨 모르게 집을 담보로 해 대출
을 받았다. 그가 떠나고 나서 한 달 만에 안 사실이었다.
　결정적으로 영희 씨와 내가 멀어지게 된 이유는 영희 씨가
나를 버렸기 때문이다. 영희 씨는 나를 자신의 남동생 집에 보
냈다. 정확하게 말하면 새엄마의 아들에게 보냈다. 집을 팔고
빚을 정리한 후 영희 씨는 새엄마의 장례식에서 만났던 남동
생에게 연락했다. 어려운 사정을 봐서 몇 년만 나를 맡아 달라
고 했다. 남동생은 열한 살 터울이었다. 그는 음식점을 운영
했다. 나는 영희 씨와 살겠다고 발악을 했지만 우리는 함께 살
공간이 없었다. 영희 씨는 몇 년만 참으라며 협박 반, 눈물 반
으로 나를 설득했다. 나는 그때 느꼈던 버림받은 기분을 지금
도 잊을 수가 없다.
　나에게 외삼촌이 되는 사람은 학교가 끝나면 식당에서 일

을 시켰다. 중국 음식점이었는데 매일 나는 주방에서 설거지를 했다. 내가 식당에서 일하는 조건으로 나를 거둬들인 거라 했다. 나는 영희 씨를 원망하며 빨리 나를 데려가 달라고 했지만 늘 영희 씨는 좀 더 참아 달라고 했다. 더 견딜 수 없었던 건 외삼촌이라는 작자의 은근한 신체 접촉이었다. 처음에 몰랐지만 반복될수록 느낌이 이상했다. 언젠가 밤에 이상한 느낌에 눈을 떴을 때 그 남자는 내 위에 올라와 있었다. 그는 나의 입을 막았고 떠들면 죽여 버리겠다고 협박했다. 이런 이야기를 영희 씨는 모른다. 내가 왜 세상을 등지고 영희 씨와 단절을 시작했는지 아무에게도 말 못 했다.

영희 씨가 그동안 어떻게 살았는지는 모르지만, 영희 씨는 2년 후에 나를 다시 찾으러 왔다. 오피스텔을 마련한 그녀는 나와 다시 함께한 첫날 밤, 몰래 눈물을 흘렸다. 영희 씨는 억척스럽게 살았다. 아침에는 지하철 앞에서 김밥을 팔고 오후에는 남대문에 가서 물건을 떼와 옷 장사를 하기도 했다. 영희 씨는 오직 자신에게 남은 마지막 희망이 나인 듯 집착했다. 어떻게든 나를 공부로 좋은 대학에 보내고 싶어 했지만, 나는 공부에 흥미가 없었다. 그렇다고 날라리도 아니었다. 어중간하게 공부하고 조용히 지내는 평범한 학생으로 살았다. 영희 씨는 이런 나에게 쌍스러운 욕을 하며 누구 때문에 이렇게 못 먹고 못 입고 사는데 야무지게 잘하는 게 없냐고 책망했다. 영희 씨의 잔소리가 길어질 때마다 나는 도서관으로 도망쳤다. 닥치는 대로 책을 읽었고 나는 본질을 파헤치는 것을 좋아하게 되었다.

나에 대한 영희 씨의 기대는 뾰족하고 날카로워 내 살을 자주 베었다. 서로 연결할 수 없는 성격을 이유로 나는 영희 씨와 두 번째 절교를 선언했다. 사이가 서먹해지면서 영희 씨는 이웃집 철희네 엄마랑 교회를 나가기 시작했다. 교회에 가면 헌금을 내라고 할까 봐 주저하는 영희 씨를 보고 철희 엄마는 그런 거 없다며 안심시켰다. 몇 주를 새신자반에서 공부하던 영희 씨는 숙제를 위해 나에게 물어봤지만 나는 귀찮아서 알아서 하라고 했다.

점점 영희 씨는 구역 모임에도 참석하고 발을 넓혀 갔다. 가끔 영희 씨가 같이 교회 가지 않겠냐고 물었을 때, 나는 종교는 인간이 만든 환상에 불과하다고 이야기했다. 기독교는 메소포타미아 지방과 이스라엘 민족의 옛 신화일 뿐이라며 대드는 나에게 영희 씨는 항복하고 돌아섰다. (나는 영희 씨의 모든 간섭에 반격할 준비를 인터넷에서 검색해 준비했다.) 지금 생각해 보면 모녀 관계를 경험해 보지 못한 영희 씨가 청소년 자녀와 소통하는 법을 잘 알지 못했던 것 같다. 나도 그때 왜 그랬는지 모르겠지만 차라리 교회에 빠져서 나에게 신경을 덜 쓰기만을 바랐다.

"어느 분이 상주이신지요?"

"전데요."

실장님이라는 분이 장례 절차를 설명해 주셨다. 상복 대여에서 장지, 관, 장의차, 유골함 등 장례에 필요한 품목들을 안내해 주셨다. 죽음에도 등급이 있었다. 비행기 일등석과 이코노미석처럼 가격에 따라 죽음의 포장도 달라졌다. 나는 그동안 영희 씨에게 못해 준 걸 갚는다는 마음으로 제일 좋은 물품들로 선택했다. '부조금이 안 들어오면 그동안 모아 둔 비상금이라도 깨지.' 하며 말이다.

영희 씨 휴대폰 주소록에 있는 사람들에게 부고 문자를 보냈다. 주소록에 저장된 사람은 별로 없었다. 문자를 보내고 보니 아차 싶었다. 죽은 사람이 자신이 죽었다고 보낸 부고 문자를 받았을 얼굴들이 떠올랐다. 자기 죽음을 스스로 알리신 예수님과 닮았다고 생각했다. 사람들이 장난으로 받아들이면 어떡할지 자책하면서 순간 내가 한심하다는 생각이 들었다.

첫날은 한산했다. 엄마가 공장에 다니던 시절 알던 아주머니 몇 분이 찾아오셨다.

"영희 씨 딸이가?"

"네."

"그래. 안됐다. 느그 어무이 진짜로 고생 마이 했는데…. 딸내미 대학 보내고 그리 기분이 조아가 생전 애껴 쓰던 사람이

한 턱 쏘고 그랬는데…. 이래 귀한 딸을 여 놔두고 아고, 아이고….”

나는 괜찮은데 아주머니가 구슬프게 우셨다. 누군가에게 자랑이었을 나는 정작 잉여 인간으로 살고 있는데 순간 《이방인》의 뫼르소가 된 기분이었다.

영희 씨와 싸운 어느 날 가출을 했다. 첫날은 근처 대학교에서 밤을 새웠다. 대학 이곳저곳을 쏘다니며 빈 강의실에서 있다가 도서관 열람실에서 자기도 했다. 영희 씨는 모른다. 학교에서 아빠 빽도 없고 가난한 집에서 태어나 공부도 잘하지도 예쁘지도 않은 아이가 학교에서 어떤 취급을 받는지를…. 사교육 없이 대충 공부해서 이런 대학에 갈 수 있는 확률은 영희 씨가 복권에 당첨되기만큼 어렵다는 걸….

다음날 그렇게 배회하다 우연히 교회에 들어갔다. 하나님이 있다면 왜 이런 세상을 만들었냐며, 왜 이런 고통스러운 세상에서 우리를 지켜보며 아무것도 하지 않냐고 묻고 싶었다. 설교 말씀은 주님이 우리를 대신해 멍에를 지신다는 내용이었다. 어떻게 내 짐을 지신다는 말인가 속으로 묻던 중 불이 꺼졌다. 사람들은 온통 울며 기도했다. 나는 구석에 앉아서 눈을 감았다. 기도하는 소리를 들었다. 온통 아버지를 부르짖었다 울기를 반복했다. 어떤 사람들은 이해하기 어려운 문장으로 기도했다. 나는 사람들의 뇌에 문제가 생겨 이러는 거로 생각했다. 아빠에 대한 원망하는 마음이 가득했던 나는 아버지라는 소리가 거슬렸다. 나는 반항심이 생겼다. 하나님을 아버지로 바꿔서 기도해 보자며 조용히 기도했다.

"아버지. 저를 왜 이곳에 보냈나요. 저는 누구인가요? 가난한 집에서 태어나 아빠는 절로 갔고 엄마는 일만 해요. 저는 공부도 못하고 영희 씨와 사이도 안 좋아요. 좋아하는 것도 없어요. 저는 앞으로 뭘 할지도 모르겠어요. 가난과 열등감, 모든 게 제게는 멍에입니다. 아버지 제 짐을 대신 메어 주십시오. 제가 제대로 살아갈 수 있도록 도와주세요."

그 뒤에 한 기도는 생각이 안 난다. 생각의 흐름대로 아무 말이나 한 것 같다. 하나님께 악다구니를 쓰니 좋았다. 눈물을 흘리며 울다 잠시 정신을 잃었다.

나는 집으로 돌아왔다. 영희 씨는 아무 말도 하지 않았다. 그날 이후 나는 달라졌다. 성경을 읽기 시작했다. 매주 교회에도 나가고(성인 예배만 드렸다.) 어떻게든 대학에 가야겠다고 결심했다. 사회적 배려 대상으로 운 좋게 대학에 진학했다. 경쟁률이 낮은 프랑스어 학과를 지원했기 때문이다. 하지만 나는 프랑스어보다는 인문학이 더 잘 맞았다. 중세 역사와 철학을 공부하면서 기독교에 대한 관심도 가지게 되었다.

영희 씨와의 관계가 바뀐 건 아니다. 기숙사에 살면서 나는 영희 씨로부터 독립하기 위해 늘 알바 생활을 했다. 하지만 쉽지 않았다. 갑과 을 사이에 낀 사회 권력은 '쌍년'과 '미친년'이라는 소리를 해대며 힘들게 했다. 정당한 임금과 휴식 시간 요구는 늘 욕이나 해고로 돌아왔다. "어린 것들이 돈만 밝히네."라며 소리치던 가게 사장님이 교회 장로님인 것을 알고 난 후 실망해 교회와 점점 멀어졌고 나는 다시 예전으로 돌아왔다.

그 사이, 영희 씨는 권사님이 되셨다. 임직식 때 연락을 하셨지만 나는 받지 않았다. 바보같이 자신만을 바라보는 영희 씨가 안타까웠지만, 그때는 남들처럼 정상적인 부모님의 우산을 쓰지 못하고 매일 고된 노동을 하며 살아야 하는 내 처지가 더 가여웠다.

둘째 날 염습과 입관식을 했다. 나는 비로소 맨살의 영희 씨를 만났다. 눈물이 났다. 유리창 너머의 영희 씨는 눈을 감은 채 누워 있다. 시퍼런 피멍에 일그러진 몸을 보면서 영희 씨가 얼마나 아팠을까 싶어 목놓아 울었다. '영희 씨가 좋아하던 예수님도 이랬을까?' 벌거벗은 그녀의 몸은 뼈대만 보였다. 살이라도 찌웠다면 이렇게 초라하지 않았을 텐데, 영희 씨를 채근하고 싶지만 다시는 그녀의 목소리를 들을 수 없다.

영희 씨에게 쌀을 물리고, 귀와 코에 솜을 넣었다. 정갈하게 영희 씨를 눕히고 수의를 입혔다. 아마 영희 씨가 살아 있었다면 내가 좋아하는 옷을 입고 묻어 달라고 했을 것 같다. 그랬다면 몇 해 전에 내가 사준 등산복을 입었을지도 모른다. 딸이 월급을 받아 사준 비싼 등산복을 애지중지했던 영희 씨였다. 영희 씨는 죽은 육에다 쌀을 넣고 노잣돈을 쥐여 주는 상상을 꿈에도 해 보지도 믿지도 않았을 것이다.

나는 그래도 영희 씨에게 미련이 남는다. 노잣돈을 넣었다. 그렇게라도 해야 이 사람들이 영희 씨를 잘 대해 줄 거라고 생각했다. 뚜껑을 덮기 전에 고인의 귀가 열려 있다며 마지막 작별 인사를 하라고 한다. 나는 영희 씨에게 "영희 씨 수고 많았어요."라고 전했다. 관이 덮이고 영희 씨가 사라지는 순간 무릎에 힘이 빠져 털썩 주저앉았다. 영희 씨를 보는 마지막 순간이었다.

'영희 씨는 지금 부활해서 천국에 있을까?'

'하늘에서 날 쳐다보고 있을까?'

영희 씨 교회 분들이 오셨다. 목사님이 위로 예배를 인도했다. 고등학교 때 이후 처음 듣는 찬양이었다. 찬양 가사에서 "천국 문에서 만나보자" 하는데 가슴 속 무언가를 건드리며 울컥했다. 단테의 《신곡》에 나오는 천국에서처럼 '영희 씨는 지금 예수님의 제자들을 만나고 있을까?' '나도 영희 씨를 만날 수 있을까?' 생각했다.

"자매님. 김영희 권사님은 천국에서 우리를 지켜보고 있을 거예요."

"네."

"자매님. 믿음 잃지 말고 씩씩하게 살아야 해요."

영희 씨가 교회 일을 열심히 했나 보다. 교인들이 많이 오셨다. 영희 씨는 교회 봉사를 한두 가지 한 게 아니었다. 식당 봉사에서 청소까지 자신이 할 수 있는 것은 다 하고 있었다. 불우한 이웃을 돕기 위해 반찬을 만들어 팔기까지 했다고 한다. 이웃을 도우려고 자신에게는 더 엄격해야 했던 영희 씨가 가여웠다. '무엇이 영희 씨를 변화시켰을까? 하나님을 만난 걸까? 설마 바울 사도가 말한 자족함을 깨닫고 이런 건 아니겠지?' 생각했다.

손님들이 떠나가고 다시 텅 빈 장례식장에 혼자 앉았다. 술이라도 마셔야 마음이 안정될 것 같았다. 혼자 주방에 앉아 소주를 마셨다. 시간이 지나 자정에 한 사람이 꾀죄죄한 모습으로 들어섰다. 누군지 몰랐다. 자세히 보니 '아빠'라 불리던 사람이었다. 그는 나를 한 번에 알아봤다.

"유진아… 오랜만이다."

나는 뭐라 답할 수가 없었다.

"밥 좀 내다오."

나는 말없이 육개장을 담아 쟁반에 담긴 반찬과 밥을 내왔다.

"소주 한 잔 다오."

밥과 소주를 번갈아 먹는 아빠라는 남자를 지켜봤다. 원망과 분노의 감정이 차라리 일어났으면 싶었다. 아무 감정이 생기지 않았다. 당연했다. 나는 이 사람과 아무 관계도 아니기 때문이다. 그저 먼 친척이라 생각하기로 했다. 아주 먼 화성과 지구 사이의 거리 정도….

한참 후 그는 이렇게 말하며 눈물을 흘렸다.

"영희는 참 정이 많아. 이렇게 허망하게 갈 줄 누가 알았나…. 내가 먼저 갔어야 하는데…."

그는 살아온 이야기를 했다. 그는 불자가 되려 했다고 했다. 가난에서 벗어날 수 없는 현실로부터 도망가고 싶었다고 했다. 그는 절에 들어가 연화(燃花)라는 법명을 받았다. 불탈 '연', 꽃 '화', 불타는 꽃이 되어 사라져 한 줌의 재가 되고 싶었다고 한다. 처자식을 버린 자신은 재가 되어 자연으로 돌아가야 할 인생이라고 생각했다고 한다.

불자의 삶은 공허했다. 매일 참선하고 불상에 절하는 삶이 그에게 특별한 의미로 다가오지 않았다. 그러다 절에 찾아오는 보살과 친해졌다고 한다. 점점 사심이 올라와 둘은 함께 살았는데, 잘 살았으면 좋으련만 인생은 예측할 수 없다며 학교 급식 일을 했던 그녀는 폐암으로 죽었고 다시 자신만 남았다고 했다. 충격으로 세상을 등지려 할 때 그는 마지막으로 영희 씨에게 연락했다.

"영희가 가끔 돈을 보내 줬어. 온갖 정이 떨어졌을 만한데도 불쌍히 여겼지. 난 염치도 없이 그걸 받아서 생활했어. 이제야 와서 무슨 소용이 있겠냐마는, 고맙다는 이야기도 못 했네. 그리고 너한테는 용서받지 못할 짓을 했지. 변명이지만 맨정신으로는 살아갈 용기가 없었어. 나를 용서하지 마라."

노숙자 생활을 하고 있다고 했다. 칠십이 넘은 노인에게서 쉰내가 났다. 나는 사무실 당직자에게 상복을 가져와 전했다. 이 절차로 잠시 가족이 된 듯 보였다. 그는 말없이 누워서 잠들었다. 나는 말없이 술을 마셨다. 이 기막힌 삶이 내 인생이란 자체에 허전함이 밀려왔다. 예수님 잘 믿던 영희 씨는 죽고, 부처라는 우상을 섬긴 이 노인은 아직도 살아 있으니 아이러니했다. '나는 하나님을 믿는 걸까? 믿지 않는 걸까? 매일 삶에서 도움을 주지 않는 신이라면 나에게 무슨 의미가 있는 걸까?' 생각하며, 나는 잠들었다. 한참 후 희미한 음성이 나를 깨웠다. 빛이 보였다.

"나를 사랑하느냐."

"누구세요?"

눈을 뜰 수가 없었다. 가위에 눌린 것처럼 바라볼 수도, 움직일 수도 없었다.

"너의 하나님이다."

"네?"

따뜻한 손이 내 배를 어루만졌다. 그리고 눈을 뜬 순간 아무도 없었다. 실제 같았다. 나는 영희 씨가 하나님께 잠깐만 나를 만나 달라고 부탁했을까 생각했다. 도마와 같은 나를 위해 특별 코치를 해 주신 걸지도 모른다고 생각했다. 나는 멍하니 앉아 있었다.

편의점에서 칫솔 세트를 사서 무심히 아버지라는 사람 옆에 놓았다. 교회에서 10시에 입관 예배를 진행하러 오신다고 했다. 마지막으로 영희 씨를 보내는 시간이니, 흐트러지지 않는 모습을 보이고 싶었다. 머리도 감고 화장도 했다. 부스스하고 엉망인 얼굴로 영희 씨에게 나타나고 싶지 않았다. 하나님을 만났다고 자랑했다면 아마 영희 씨도 기뻐 뛰었을 거다.

9시 즈음에 영희 씨 옆집 아주머니가 오셨다. 소식을 늦게 들었다고 했다. 그녀는 나에게 다짜고짜 미안하다고 했다. 영희 씨가 아파트에서 이곳저곳 전도를 해서 그녀를 미워했다고 했다. 폐지를 모으고 동네에서 유별난 예수쟁이로 통하는 아주머니가 싫어 멀리서 오던 길도 영희 씨가 보이면 피해 가곤 했다고 했다. 가끔 놓고 가는 김치와 반찬을 받아먹으면서도 왠지 교회가 싫었다고 했다. 그런데 언젠가 영희 씨와 같은 교회를 다니는 친척한테 영희 씨 이야기를 들었는데, 폐지를 주워 교회 장학생들을 위해 헌금하고 김치와 반찬을 만들어 자립하는 청년들을 위해 매월 기부하시는 분이라고 들어, 그때부터 영희 씨를 미워하지 않았다고 했다. 그 후로 아주머니는 영희 씨를 따라 교회를 다녔다고 했다. 아주머니는 나에게 우크라이나 선교사님이 보내신 카톡 메시지를 보여 주셨다.

"손 집사님. 너무나 가슴이 아픕니다. 갑자기 주님 곁으로 가신 김 권사님이 너무 그립습니다. 매월 보내 주시는 선교비로 감사히 사역할 수 있었습니다. 가족들을 위해 조금의 성의를 전달하오니 대신 전달 부탁드립니다. 비록 가지는 못하지만, 하나님의 위로가 가족들에게 있기를 기도하고 있습니다."

대학을 졸업하고 난 은행에 취직했다. 영희 씨가 가장 기뻐했다. 하지만 나는 이내 회사를 나왔다. 회식 자리에서 불거진 지점장과의 성추행 사건이 도마 위에 올랐다. 가해자는 지점장인데 정작 입방아에 오른 건 나였다. 신입 사원이 꼬리를 쳤다는 둥 아버지 없이 자라서 아버지처럼 따랐다는 둥 온갖 소문이 돌았다. 나는 의지할 곳이 없었다.

재취업이 어려웠다. 짧은 사회생활 경력이 부적응자라는 꼬리표를 남겼다. 여러 임시직과 알바를 하며 근근이 살았다. 여자라서 할 수 있는 일은 적었다. 돈이 되는 아르바이트는 노출된 의상을 입고 술집에서 하는 일들이었다. 나름대로 최선을 다하고 있다고 생각했는데, 정작 인생에서 남들만큼도 되는 게 없다고 생각했다.

영희 씨와 연락을 끊은 지가 오래됐다. 삶이 힘들어 자살도 생각했다. 내 삶은 섞은 치즈 냄새 같았다. 내 인생 치즈는 온통 구멍이 숭숭 나서 썩어가는 중이었다.

그러다 모르는 번호로 전화가 왔다. 영희 씨가 응급실에 있다고 했다. 급성 폐렴으로 쓰러지고 피를 토했다고 했다. 응급실에서 누워 있는 그녀는 누군지 알아보기 어려울 만큼 늙어 있었다. 이후로 난 영희 씨와 조금씩 다시 연락했다. 법적인 인연만 유지하고자 나는 최소한의 자식의 의무를 하기로 했다. 지금 생각해도 나는 독한 년이었다.

10시가 되어 발인 예배가 시작되었다. 예배가 끝난 후 나는 영정 사진을 들고 교회 집사님들이 운구했다. 장의차를 타고 화장터로 가는 내내 날씨는 흐렸다. 아버지라 불리는 남자는 차에서 계속 졸았다. 충혈된 눈을 마주쳤을 때 이 사람은 무슨 생각을 할까 잠시 생각했다. '죄인이 된 기분일까?' 탕자가 돌아왔을 때 보였던 아버지 반응까지야 아니겠지만 영희 씨는 그를 도왔다. 삼일간의 장례식에서 알던 영희 씨는 교회를 다니기 전과 후가 다른 사람이었다. 생존을 위한 이기적인 유전자를 완전히 제거한 영희 씨였다. 스물여섯에 고아가 된 내 주변에는 아무것도 남은 게 없는 것 같았다.

영희 씨가 좋아하던 교회를 지나 장의 버스는 화장터에 도착했다. 영희 씨가 이 관에 아직 있다. 마지막으로 관에 손을 얹었다. 운구를 돕는 아저씨가 아직 들릴지 모르니 마지막 말을 전하라 했다. 영희 씨가 들을 수만 있다면 나는 나의 죄를 천 번이라도 고백하고 싶었다. "영희 씨, 미안해."라고 마지막 말을 전할 수만 있다면 간절히 영희 씨를 깨우고 싶었다.

화장장에 도착해 유리창 너머의 영희 씨가 누워 있는 관을 바라본다. 아저씨들이 대신 마지막 인사를 건넨다. 조금씩 불가마 속으로 들어가는 영희 씨를 보며 나는 다시 울었다.

"영희 씨. 뜨거워. 일어나. 나오란 말이야."

나는 외치고 또 외치며 울었다.

마지막 예배가 끝나고 나는 대기실에서 기다렸다. 사람들이 식사하고 돌아온 뒤 한참 후에 '김영희'라는 이름이 화면에 떴다. 나는 유골함을 받았다. 나는 영희 씨를 이대로 보낼 수 없어 유골함을 평생 내 곁에 두기로 했다. 모든 절차가 마무리되고 아버지라는 사람은 떠났다. 나는 그에게 얼마간의 돈을 주려 했으나 그는 받지 않았다. 다만 그는 영희 씨를 위해 잘살아 달라고 했다.

회사에서 주어진 삼 일간의 휴가가 끝났다. 계약직 근로자라 눈치를 봐야 하지만 팀장님이 추가로 하루를 더 쓸 수 있게 해 줬다. 장례식장에 오지 못한 미안함 때문일지도 모른다. 경찰에게 건네받은 유품을 받아 집으로 돌아왔다. 유골함을 내 책상 한편에 영정 사진과 놓았다.

마지막 정리를 하러 영희 씨 집을 찾았다. 영희 씨는 작은 임대 아파트에 살았다. 문을 열고 들어서자 적막감에 굳어 있던 집이 잠을 깼다. 거실에 있던 식물들이 빛에 반사되어 초록 빛을 띤다. 조용히 영희 씨 방을 열었다. 정리해야 할 명세서 가 있을까 이곳저곳을 열어 봤다. 가계부가 있었다. 반찬을 팔고 번 돈에서 폐지 수입까지 빼곡히 기록되어 있었다. 지출란 에는 "유진 헌금"이라는 제목으로 매월 십만 원이 기재되었다. 내 이름으로 하는 선교 헌금 같았다. "유진이네"라고 적혀 있 는 통장에는 매월 삼십만 원씩 적금이 부어져 있었다. 독립 후 조금의 지원도 받지 않겠다던 나를 위해 조금씩 모아 둔 돈 같 았다.

성경을 필사한 노트에는 "유진에게"라고 적혀 있었다. 성경 을 순서대로 필사한 노트마저 내 이름을 적은 영희 씨는 평생 나 하나만을 기다린 탕자의 아버지 마음 그대로였다. 내가 탕 자였다. 귀리죽을 먹고 다니며 이리저리 치여 살던 내가 바로 그 탕자였다.

'평생 이렇게 살려고 그랬어. 영희 씨, 당신은 당신을 돌보 지 못하고 나를 위해 내가 뭐라고….'

원망과 그리움이 몰려왔다.

영희 씨의 일기장을 본 건 책상을 다 정리할 때였다. 일기장 6권이 있었다. 처음 몇 권은 장 본 품목, 누군가의 연락처, 성경 구절, 누군가에게 빌려준 돈 등이 기록되어 있었다. 최근에 쓰인 일기장에는 나와 싸운 후 속상해서 나를 힐난하는 글이 적혀 있었다. "싸가지 없는 계집애가 아빠를 닮아서인지 곧이곧대로 믿지를 않는다."라고 했다.

사고를 당하기 전 최근 일기장을 보았다.

21. 08. 14

어제 퇴원을 했다. 내 병 때문에 유진이를 볼 수 있었다. 유진이를 보게 하려고 하나님이 병을 보내셨나 보다. 유진이를 볼 때 말은 못 하지만 마음에 한구석이 아린다. 어린 것이 부모 잘못 만나 저리 고생하고 인생을 어렵게 사는 것 같아 짠할 데가 한두 번이 아니다.

못된 년 퇴원하는 날 데려다주고 그 후로 코빼기도 안 보인다. 내 마음 주님만 아시죠?

22. 05. 08

유진이가 옷을 사 보냈다. 딱 봐도 비싸 보이는데 이런 걸 왜 보냈냐고 반품하라 했지만, 사실 기분이 좋다. 유진이가 나를 엄마로 여기는 기분이 들었다. 돈도 없을 텐데. 주님. 주님이 돌보고 계시죠? 우리 유진이.

22. 12. 30

오늘은 유난히 추운 날이다. 폐지를 줍다 미끄러져서 머리에 상처가 났다. 약을 바르긴 했는데 조금 어지러운 것 같다. 이렇게 추운데 그 양반은 밥은 먹고 다니나?

울면서 웃다가 한숨을 쉬기도 하고 여러 감정을 조합하게 만드는 일기였다. 나는 마지막 쓰인 일기에서 눈을 뗄 수 없었다.

23. 04. 01

오늘은 TV를 보는데 임종 체험이 나왔다. 사람들이 유서를 쓰는데 그렇게 울더라. 그래서 나도 한 번 써볼까 싶다.

유진아. 마지막이라 생각하고 글을 쓰니 어렵네. 내가 곧 죽을 거라 생각하니 네게 잘못해 준 것만 생각난다. 제대로 된 가정을 꾸리지 못한 게 가장 후회가 되거든. 먹고 사는 데 급급해 네게 신경을 쓰지 못했던 내가 너무 밉다. 엄마도 엄마가 처음이라 실수투성이였어. 엄마도 완전한 어른으로 크지 못했어. 그러니 부족한 엄마를 유진이가 이해하고 용서해 주길 바란다.

너를 키우면서 가장 힘들었던 때가 두 번 있었어. 처음은 네 아버지가 떠나고 널 혼자 동생 집에 맡길 때. 그땐 내 마음이 찢어지는 것 같았어. 빚을 다 갚았다고 생각했는데 아빠가 진 빚이 또 있었어. 사채를 쓴 게 있었나 봐. 사채업자가 너를 두고 협박하는데, 우선 너를 살려야겠다는 생각밖에 못 했어. 엄마는 닥치는 대로 일을 했어. 식당, 공장, 콜센터 뭐든지 했어. 빨리 사채를 갚아야 한단 생각밖에 못 했거든. 하지만 그게 최대 실수였어. 네게 이렇게 큰 상처가 남을 줄 몰랐거든.

두 번째는 처음 네가 가출했을 때 온 세상이 무너지는 줄 알았지. 너마저 또 잃을까 봐 매일 하나님께 울부짖었어. 내 새끼마저 가져가시면 안 된다고 말이야. 그때 기도하면서 유진이가 돌아오면 하나님이 시키시는 데로 살겠다고 서원했어. 서원이 무슨 뜻인지 알지?

사랑하는 유진아. 엄마가 이제 떠나면서 마지막 당부 하나 할게. 네가 돌아온 기도 응답을 받고 엄마는 달라지기로 했어. 나보다 조금이라도 더 소외된 이웃을 위해 살기로 말이야.

그런데 그렇게 작심하고 살아가는 순간부터 인생이 조금씩 바뀌는 거 있지. 생각해 보니 세상을 이렇게 살아 낸다는 것 자체가 기적이고 은혜였다는 걸 깨달았어.

비록 자격 없는 엄마가 하는 이야기지만 꼭 이것만 들어 줘. 하나님은 네가 돌아오기를 항상 기다리고 계셔. 하나님은 너를 사랑하신단다.

유진아, 엄마 기다릴게. 언젠가 천국에서 너와 행복한 삶을 누리기를….

유진아, 고맙고 사랑한다. 그럼 안녕.

마지막 장에는 옮겨 적은 듯한 시가 적혀 있었다.

그분께로 가네
그의 얼굴은 찢어져 피가 맺힌 돌덩이 같네
그가 십자가에 달려간 날, 세상은 그를 위해 슬피 울었지만
그는 자기 방식대로, 우리는 우리 방식대로

나의 뜻이 아닌 주의 뜻대로
자유와 순종 사이에 갈등은 무슨 뜻이었는가?
나를 살리기 위해 죽어야 사는 분
가장 좋은 방식으로 죽으신 분

우리는 알지 못했지
그때는 미처 몰랐지

가족에게 멸시받고, 죽음 앞에 홀로 섰던 자

창녀를, 세리를, 눈먼 자를 돌보던 자

자신을 향한 조롱과 멸시를 독대했던 자

그럼에도 나를 택하신 자

나는 그분께 가네

영과 육이 부활하며

한결같이 나를 돌보셨던 분께로

나는 그분께로 가네

나는 나지막이 읊조렸다. 그리고 알았다. 하나님은 날 한 번도 떠나시지 않았다는 걸.

"엄마, 미안해. 감사해요."

김영호

책 읽기와 글쓰기에 관심이 많은 편이며, 일상을 잘 살아 내는 것에 감사하며 사는 두 딸의 아빠이자 직장인이다.

2

———

수필

서로에게 구원이 되는 책방

문옥미

2년 반이 지났지만, 아침에 책방 문을 열고 들어설 때면 여전히 마음이 흐뭇하다.

비밀번호를 누르고 책방 입구에 잠시 서서 창밖 풍경을 쳐다본다. 얼마 전에 창문을 가득 채웠던 벚꽃도 환상적이었지만 점점 연두에서 초록빛으로 푸르름이 더해지는 나무의 변화도 충분히 뿌듯한 행복을 준다. 잠시 창가를 보고 카페 마음이음에서 갓 구운 쿠키를 꺼내 진열해 놓고, 선호하는 노동요(勞動謠)를 틀어 놓는 것으로 책방 오픈 준비를 시작한다. 오늘은 CCM 피아노 연주다. 청소기를 돌리고 테이블을 닦는다. 점점 자리 차지하며 존재감이 부각되는 화분 하나하나 확인하며 물을 준다. 잠시만 신경 안 쓰면 시들어 버리는 생명에 미안한 마음을 가지지 않으려면 매일 신경 쓰지 않으면 안 된다. 원두를 그라인더에 부어 넣고 책장으로 가서 책을 마른 수건으로 닦고, 이리저리 옮겨 본다. 누군가 꼭 필요한 책이기를 바라는 마음과 어떤 사람이 이 책을 데려갈지 궁금해하며 되도록 잘 보이도록 진열하고 자리를 수시로 바꿔 준다. 구석에서 소홀해지는 책이 없도록 확인하는 작업도 책방지기가 할 일이다. 이렇게 마음을 쏟는 책방 마음이음은 어떤 표현도 부족한 나에게는 소중하고 사랑하는 공간이다.

5년 전, 살고 있는 아파트에 오래 비어 있던 상가를 계약했다. 그동안 주로 청년부 부목사로 사역했고, 마지막 사역지에서도 청년부를 담당하다 사임하고서 오래전부터 꿈꾸던 작은 교회를 개척했다. 2018년 11월 추수감사절에 시작 예배를 드리며 작은 상가에서 주중에는 카페를 운영하고, 주일에는 예배를 드리며, 전통 교회와는 조금 다른 길을 걷기 시작했다. 오래 교회를 떠나 있던 청년들이 모이기 시작했고, 예전에 섬기던 교회에서 집사님 두 분이 오셔서 섬겨 주신 덕분에, 1년 만에 교회 설립 예배를 드리게 되었다.

대형 교회에 대한 구조적 모순에 대해 부정적인 마음도 있었고, 건강한 작은 교회가 이 시대의 대안이 될 수 있다는 꿈을 가지고서 무슨 용기였는지 교회 개척을 호기롭게 시작했다. 작은 카페에서 사람들을 만나고, 교회 청년들은 퇴근 후에 모여 함께 저녁을 먹고, 일상을 함께 살아 내며 얼마 되지 않은 목회 인생에서 가장 자신만만하고 신나는 날을 보냈었다. 지금도 가장 행복할 때가 언제였냐고 물으면 주저하지 않고 개척 시작하고서 1년 반의 기간이라고 말한다.

그런데 2020년 2월에 우리 일상을 뒤흔들었던 코로나는 교회에 가장 큰 타격을 입혔다. 모이는 것이 죄가 되는 사회적 분위기, 혹시라도 교회에서 코로나가 확산될지 모르는 두려움에 겁쟁이 목사는 3월 1일부터 영상 예배를 드리기 시작했다. 코로나는 간판 없는 마음이음교회를 신천지로 오해받게 했고, 작은 공간에서 법적으로 허용하는 예배를 드릴 수 없는 상황에 영상 예배는 우리가 선택할 수 있는 유일한 방법이었다. 영상 장비 하나 없이 서재로 사용하는 골방에서 핸드폰으로 설교 영상을 찍었고, 한 청년이 마커스나 다른 찬양팀의 영상을 편집해서 링크를 공유하며 만 9개월 동안 예배의 명목을 유지할 수 있었다. 골방에서 영상을 찍다 거꾸로 찍혀 목소리만 남거나, 녹화 중에 문자가 와서 중단된 것도 모르고 설교했다가 아무것도 남지 않은 핸드폰을 보며 서러움에 눈물 흘린 적도 많았다. 두려운 마음이 커지니 설교는 힘이 없었고, 무엇하나 자신 있게 선포하지 못하니 믿음 없는 목사가 소망을 주지 못하고 있다는 자괴감은 더욱 자신을 쪼그라들게 했다. 그런 와중에도 신기했다. 많은 교회가 코로나로 어려움을 겪었고 문을 닫기도 했는데, 오랫동안 허접한 영상 예배와 줌으로 간혹 했던 제자 훈련 덕분에 교회가 망하지 않았다는 것에 안도하면서 모든 것이 은혜로 견뎌 낼 수 있었음을 고백할 수 있었다.

코로나는 담임 목사라는 이름을 무용하게 했고, 무능을 증명하는 겁쟁이로 전락시켰다. 코로나가 끝나기를 기다렸지만 끝날 기미가 보이지 않았다. 아무리 무능한 담임 목사이지만 성도가 카페에 손님처럼 오는 것을 바라보는 것이 힘겨웠고, 미안함은 극에 달했다. 그때부터 교회 자리를 알아보기 시작했다. 주위에 학교와 큰 교회에 빈 곳을 빌리려고 알아봤지만, 큰 교회라고 코로나의 두려움이 없었겠는가. 우리에게 공간을 내어 줄 수 있는 곳은 어디에도 없었다. 카페를 전담에서 운영하는 청년들에게도 교회는 도리어 민폐가 되는 것 같았다.

2020년 11월에 들어서면서 새로운 공간을 기도하며 알아보기 시작했다.

"목사님! 거기 딱 교회 자리에요."

지인이 알려 준 곳을 가봤다. 엄청나게 큰 공간이었고 우리가 감당할 수 있는 곳이 아니었다. 작은 상가 교회 개척도 겨우 했는데, 언감생심 꿈을 꿀 수 있는 공간이 아니었다. 이상하리만큼 실망보다는 우리에게 맞는 곳이 있을 것이라는 소망이 스멀거리며 올라오는 신비한 경험을 했다. 여기저기 부동산을 알아보다 11월 10일 지금의 책방 교회를 만나게 됐다.

아무것도 없던 공간에 들어서는데 넓은 창문이 눈에 들어왔고 하나님께서 "이곳이야."라고 말씀해 주시는 듯 빛이 환하게 안아 줬다.

"이곳이구나!"

11월 15일 추수감사절, 마음이음교회 개척 2주년에 맨바닥에 돗자리를 펴고, 성찬식까지 하며, 만 9개월 만에 우리의 대면 예배가 다시 시작되었다. 이후에 마음이음교회 성도들은 매일 모여 청소하고 페인트칠을 하고, 커튼도 재봉틀로 직접 만들고, 못을 박고, 천정을 뜯어 전기 공사를 하고, CCTV를 직접 설치하며 모든 것을 함께 만들어 갔다. 하나님께서 돕는 손길을 허락해 주셔서 많은 부분을 직접 제작할 수 있었다. 덕분에 돈이 없는 서러움도 없이 날마다 감사 고백하며 교회를 만들어 갈 수 있었다.

"목사님, 우리 교회는 수제 교회에요."

그렇게 수제 교회 마음이음은 주중에는 책방으로, 주일에는 마음이음교회 예배 공간으로 변신하며 영상 예배와 대면 예배로 한 번도 주일 예배를 멈추지 않고 2년 반의 시간을 보냈다. 마음이음교회가 개척 5년이 되어 간다. 카페 교회에서 책방 교회가 되었지만, 누구나 편하게 사람을 만날 수 있는 공간이라는 것은 변하지 않았다.

카페 교회에서 책방 교회로 이전하면서 모든 것을 결정하고, 혼자 해결해야 하는 일이 많아졌다. 여전히 힘들어하는 성도들에게 마음을 쓰다 보니 내 건강을 신경 쓸 겨를이 없었다. 점점 교회는 안정을 찾아갔지만, 마음이음교회 담임 목사로,

책방지기로, 글쓰기 모임을 인도하는 씀방지기까지 감당하는 것은 버거움을 넘어 몸에 적신호까지 켜지게 했다. 작년 4월부터 몇 달째 지속되는 이석증과 울혈성 심부전이라는 병은 나의 일상을 무너트렸다. 언제 죽어도 이상하지 않을 병에 걸렸다는 사실에 아무리 좋아하는 일도, 목회도, 책방도 다 내려놔야 하는 것인가 고민하며 갈등하게 했다. 그러나 매일 나의 마지막 기도는 늘 이렇게 마무리됐다.

"하나님, 맡겨 주신 이 자리를 지키다가 주님 부르실 때 기쁘게 갈 수 있게 해 주세요."

병이 아니었다면 여전히 무식하게 혹사하며 일을 하고 있었을 내게 스스로 조절하고 조심할 수 있는 울타리를 만들어 주셨다. 기도를 들어주셨다고 믿는다. 여전히 약을 먹어야 하지만 무리하지 않으려고 애쓰며 오늘도 이 자리를 지키고 있다.

마음이음교회 담임 목사로, 책방 마음이음 책방지기로 다 성실하게 잘해 내고 싶었다. 두 가지를 다 완벽하게 할 수 없다는 것을 잘 안다. '완벽하게'가 아닌 '성실하게', 내가 할 수 있는 마음을 담아 감당하고 싶었다. 이왕이면 책도 많이 팔렸으면 좋겠다는 생각도 했다. 그러나 책방은 생각만큼 손님이 많지 않았고, 사람들이 책에 관심이 없다는 것을 깨닫는 데는 그리 오래 걸리지 않았다.

잘 아는 책방 대표님은 100명이 한 번 오는 책방이 아니라 한 명이 100번 오는 책방이 되길 바란다고 늘 얘기했다. 처음에는 '음… 좋은 말이다.'라는 생각을 하면서 '정말 한 사람이 100번 오면 얼마나 좋을까?'라는 생각도 했다. 사실 그때는 꿈 같은 일이라 생각했다. 그러나 점점 책방에 100번 이상 오시는 분들이 늘고 있다. 한 번 오셨다가 다시 볼 수 없는 손님도 많았지만, 가족처럼 늘 자리를 지켜 주시는 분들과 운영을 걱정해 주며 이 자리에 책방이 오래 견뎌 주기를 바라는 마음이 이어져 2년 넘게 건재함을 과시하고 있다.

처음에는 아무도 찾지 않는 책방에 버려진 것 같았다. 이렇게 관심이 없다니 놀라워하며 언제까지 이 자리를 지킬 수 있을까 고민했었다. 그러다 스트레스를 받지 않을 수 있는 방법을 찾았다. 그동안 책을 안 읽었던 사람이 나를 안다는 것으로 책 한 권이라도 읽게 하는 것을 목표로 삼았다. 그러다 보면 카프카가 말하는 '우리 내부의 얼어붙은 바다를 깨트리는 도끼 같은 책'을 만날 수 있지 않을까 하는 바람을 가졌다. 나름 소기의 목적을 달성했다고 생각한다. 목표가 거창하지 않으니, 자족의 마음을 가지기 쉬웠다. 큰 욕심 없이 시작했기에 우리 마음이음 교회 예배 공간으로, 하나님이 필요한 사람에게 그 마음을 전하고 나누는 곳으로, 작은 도움이 필요한 사람에게 손 내밀 수 있는 용기를 잃지 않기를 바랄 뿐이다. 책방에 오는 손님들이 이따금 자신의 로망을 이루고 산다며 부러움을 담아 말을 건넨다. 이렇게 답변한다.

"전 백조예요."

이 말 한마디에 모두 뜻을 간파한다. 보기에는 좋아 보여도 힘든 일이란 걸 나름 미화해서 이야기한다. 힘든 만큼 수익이 따라 준다면 감당할 힘이 생긴다. 그러나 책방으로는 신경 쓰고 힘든 만큼 수익이 나지 않는다. 그래도 괜찮다.

이 자리를 지키면서 책방지기가 목사라는 것을 아는 사람이 다가와 이야기를 시작하고 함께 기도하며, 하나님의 인도하심과 위로를 전하는 사역을 하고, 글쓰기 모임을 통해 하나님의 만지심을 경험한다. 묶여 있던 과거의 감정들이 모두 옳은 것이 아님을, 왜곡된 기억에서 벗어나 용서와 화해가 일어난다. 스스로 길을 찾고, 글로 자신을 매어 건강한 방향으로 삶을 이끌어 가는 것을 만난다.

2년 전 주변 기독교 서점을 검색하다 마음이음 책방을 발견하고는 아장아장 걷는 아이를 데리고서 처음 방문한 손님이 있다. 우리의 인연은 그렇게 시작됐다. 아이는 신우염이라는 병명으로 대학 병원에서 치료하며 입원과 퇴원을 반복하고 있었고, 아픈 아이를 위해 눈물로 기도하며 양육하던 엄마는 기독교 서점을 찾아 마음이음 책방을 찾아오게 되었다. 우린 처음 만났지만 자연스레 이야기를 나눴고, 아이의 아픔을 알게 되면서 우리 마음이음교회에서도 함께 기도하게 되었다. 아장 아장 걸어와 내 품에 폭 안기며 책방 목사님이라고 불러 줬던 아이는 머리가 테이블 위로 훌쩍 올라올 만큼 커 버렸다.

작년에 몸이 많이 안 좋아 마음도 힘들고 지쳐 있었는데, 책방 문을 열고서 아이가 달려와 내 품에 쏙 안겼다. 그 아이를 안고 한참 울었던 적이 있었다. 뭘 아는 것 같았다. 가만히 안겨 울음을 그칠 때까지 기다려 줬다. 한참을 울고 나니 마음이 한결 편안해졌고 위로가 채워졌다. 아이는 지금도 책방 문을 열고 들어서면 날 향해 달려와 품에 쏙 안긴다. 세상에서 어느 것도 부럽지 않은 가장 행복한 사람이 된다.

손님으로 시작되어 (교회는 달라도) 주 안에서 한 가족이 된 그분이 오늘 책방에 왔다. 손님도 없이 혼자 책방을 지키고 있었는데 얼마나 반갑던지…. 아이는 오늘도 뛰어와 나를 꼭 안아 준다. 아이 엄마와 차를 마시면서 이런저런 이야기를 나눴다. 나의 건강 걱정이 화두였고, 그동안 힘들었던 마음을 솔직하게 털어놓을 수 있는 사이가 되었다. 많이 아프고 나니 이렇게 책방을 지키고 있는 의미에 대해, 마음 쓰며 사랑했던 지체가 여전히 힘들어하는 모습에 목회적인 실패로 끝날까 봐 불안하고 두려운 마음도 허심탄회하게 말할 수 있었다.

"목사님! 책방 처음 왔을 때 정말 많이 힘들었어요. 아이는 계속 병원에 입원하고 어떻게 될지 모를 막연한 두려움에 무서웠어요. 그때 책방에 와서 목사님과 만나고, 책을 읽으면서 많은 힘이 되었어요. 그래서 이겨 낼 수 있었어요.”

마음 깊은 곳에서 뭉클하고, 뜨거운 뭔가가 올라와서 결국 눈물을 흘렸다. 아… 울보. 그래, 난 울보 목사다. 미안해서 울고, 아파하며 울고, 행복해서 울고, 은혜에 감동해서 운다. 그럼 됐다. 우린 서로에게 구원이 된 거니까. 그래, 그러면 됐다.

마지막으로 책방을 둘러보며 불을 끄고 문을 닫았다. 내일도 흐뭇한 마음으로 출근할 생각에 들뜬 마음으로 퇴근길을 나선다.

서로에게 구원이 되는 책방. 그래, 그러면 됐다.

문옥미

꿈꾸고 노래하면서 책을 읽고 글을 쓰며 하나님의 마음을 알아 가는 마음이음 책방지기이자 마음이음교회 목사이다. 책방과 개척 교회를 통해 하나님의 사랑을 배워 가고 있다.

수필
우수작

온기에 대한 고찰

김재원

사람들은 살아 있다. 그런데 마음은 죽어 있다. 관계 속에서의 온기를 느껴본 적이 언제였는지⋯. 사람들은 살아 있다. 화살이 이제는 나로 향한다. 살아 있음에 대한 성찰은 남을 바라보는 시선을 돌려 스스로에게 돌려진다. 나는 과연 살아 있는가? 질문은 결국 마음을 향한 외침이다.

"내 마음아, 너는 살아 있느냐?"

관계 속에서 느껴지는 온기는 일방적이지만은 않다. 비단 온기는 뜨거운 것에서 차가운 것으로 향하기 마련이지만, 온기의 수준이 동일해졌을 때는 일방적이었던 온기의 흐름이 그치고, 일방적이었던 한기의 흐름이 그치고, 균형 잡힌 온기와 온기의 향연이 시작된다. 그것이 관계 아닌가? 그렇게 나는 나의 마음에 묻는다.

"나의 마음아, 너는 살아 있느냐?"

온기라 표현된 따뜻함은 비단 사람을 기분 좋게 하는 것을 말하는 것이 아니다. 따뜻함이 주는 푸근함을 단순히 기분 좋음이라는 말로 단순하게 표현하고 싶지 않다. 온기는 단순한 기분 좋음이 아니다. 관계 속에서의 온기란 무엇일까?

상대방이 듣기에 기분 좋은 여러 말들을 무수한 미사여구라는 선물 포장지로 포장하여 잘 전달해 주는 것이 온기인가? 그 관계 속에서의 나는 없어지고 상대방의 존재만 남게 되는 것이 관계 속에서의 온기인가? 온기란 무엇인가? 아니 관계 속에서의 온기란 무엇인가?

이렇게 생각해 보면 단순히 우리가 생각하는 온기라는 개념과 관계 속에서의 온기라는 개념은 매우 다르게 느껴지는 것 같기도 하다. 누군가는 그렇게 이야기할 수도 있을 것이다. 온기란 사람 향기라고, 온기라는 피부로 느껴지는 감각이, 냄새라는 후각으로 흐른다. 무엇이 맞다고 할 수는 없을 것이다. 그 사람이 느낀 관계 속에서의 온기는 그 어떤 냄새보다도 푸근했던 삶의 아름다움을 담아냈을 냄새였을 테니…. 어떠한 온도를 느낄 수 있는 피부만 있었던 나의 관계 속에서의 온기라는 개념에 그렇게 코가 생겼다. 피부로 느껴지는 온기와 냄새로 느껴지는 온기, 나의 마음에게 더 구체적으로 물어보게 된다.

"나의 마음아, 너는 온기를 맡을 수 있느냐?"

관계라는 것이 너무나도 복잡하고 단순한 감각으로 파악하기에는 너무나도 거대한 바다같이 느껴지기에, 온기라는 바닷 속에서 유영하며 파악하는 구체적인 하나하나의 감각들이 조그마했던 고찰의 발걸음을 움직여 이번에는 모락모락 굴뚝 연기가 피어나고 있는 홀로 있는 집 하나로 이끈다. 연기를 본다. 온기를 본다. 눈에 보이는 온기가 있었다. 온기는 느껴야하는 것이라고 생각했다. 아니 온기는 느끼는 것이라 정의했었다. 그렇게 관계를 바라봤다. 관계라는 틀이 그렇게 내 속에규정되어 있었다. 온기는 단순한 온도가 아니라는 것을 파악하기까지는 그렇게 오랜 시간이 걸리지 않았다. 온기는 단순한 따뜻함이 아니다. 온기란 단순한 기분 좋은 온도가 아니었다. 관계 속에서의 온기는 마음의 후각을 자극한다. 왠지 모를 그리움 짙은 향기가 난다. 그렇게 사람 냄새가 마음에 닿는다. 관계 속에서의 온기는 향기도 났었구나…. 온기는 보이지 않는다. 온도는 보이지 않는다. 보이기 위해서는 단순히 온기의 정도를 측정하여 표시해 주는 온도계가 필요하다. 온도계는 향기를 분석해 주지 않는다. 그냥 냄새는 사라진 수치로 온기의 정도를 측정한다. 향기는 무엇으로 측정해야 하나…. 온도를 측정하던 마음의 온도계를 바꿔야 할 때가 온 것 같다. 온도와 향기를 모두 측정해 줄 수 있는 마음은 어디에 없을까? 온기를 볼 수 있게 해주는 눈은 어디에 없을까? 그냥 나는 살아 있는 것일까?

시작하며 품었던 성찰의 첫 단추는 옷에 있는 단춧구멍보다 더 많은 구멍을 꿰어 들어가야 했구나…. 그러나 되돌아가기에는 온기는 나를 너무 포근하게 품고 있다. 나는 온기가 무엇인지 알고 있다. 나는 그 관계 속에서의 온기를 분명히 경험해 보았다. 내가 그런 온기를 경험해 본 적도 없었다면, 내가 그런 온기를 느껴본 적이 없었다면, 그런 온기를 맡아본 적이 없었다면, 그런 온기를 본 적이 없었다면, 나의 고찰은 불가능한 것이었을 테니…. 온기가 비추는 빛의 방향을 따라가며 내가 그토록 그리워하는 온기가 무엇인지를 향해 나아간다.

관계 속에서의 온기를 찾아가는 과정 속에서 이토록 그리움이 날뛰는 이유는 무엇인가? 아직 그 온기가 무엇인지 파악하지 못했음에도 불구하고 나의 마음이 이리도 요동치는 이유가 무엇인가? 이제 여기까지의 조그마한 고찰을 정리하고 다음의 더 조그마한 고찰로 나아갈 때가 된 것 같다.

나의 마음은 살아 있다. 살아 있다 못해 무언가를 원하고 있다. 나의 마음은 온기를 원하고 있다. 정말로 진짜 존재하는 것이, 정말로 살아 있는 것이 유일하게 품고 있는 그 온기를 원하고 있다. 나와 비슷한 사람들이, 이러한 고찰을 추구하는 모든 이들을 결코 만족시킬 수 없는 희미한 온기의 그림자 말고, 진짜 온기를 원한다.

"나의 마음아 네가 원하는 진짜 온기가 무엇이냐?"

이상의 고찰은 이제 더 이상 대화의 차원에서 이뤄지지 않는다. 대화의 차원을 넘어선 교제가 나와 나 사이에 이루어지고 있다. 나는 나와 나의 본질과 나의 존재에 대한 씨름을 하기 시작했다. 내가 존재하는 이유는 무엇인가? 결국 나라는 존재가 원하는 것은 무엇인가? 이상의 질문은 도저히 마음과 나만의 문제가 아니다. 나의 전부가 걸린 문제가 되어 버렸다. 되돌리기에는 이미 늦은 고찰이다. 본질을 향한 추구라는 욕망과 욕구가 나를 이끈 고찰의 길은 이제는 단순한 지식 습득의 차원에서의 유희가 아니다.

몰아치는 질문들의 고리들을 진정시키고 근원으로부터의 고찰을 시작해야 할 때가 되었다. 온기의 근원, 관계의 근원…. 온기는 단지 개념이 아니다. 무언가 있어야만 온기가 있다. 스스로의 따뜻함을 온전히 지니고 있는 무언가만을 통해서 온기를 느낄 수 있다. 내가 그 대상보다 더 차가울 때 온기를 느낄 수 있다. 온기는 관계적 개념이다. 너와 나의 관계 속에서 생명이 품고 있는 따뜻함을 잃지 않은 자를 통해 생명의 박동이 사그러짐에 따른 한기에 닿게 하는 그 관계를 통해 우리는 온기의 그림자를 느끼게 된다. 참된 온기는 관계를 통해서 흘러온다. 그렇다고 관계를 나와 너라는 틀 속에서만 규정할 필요는 없다. 나와 나의 관계 속에서도 온기를 느낄 수 있다. 나와 우리의 관계를 통해서도…. 그러나 우리가 느끼는 모든 온기는 결국 그림자일 뿐이다. 다르게 표현한다면 맛보기라는 것이다. 한순간에 우리에게 모두 흘러오게 되면 데일 수밖에 없는 그분의 따뜻함에 닿을 수 있도록 조금씩 관계를 통해서 그 근원적인 따뜻함에 이르게 하시기 위해서 말이다. 그 온기를 향하는 모든 여정 가운데 우리는 그 온기에 가까이 이를수록 내가 품고 있던 한기들이 물러나는 것을, 그 온기들이 내 온몸 구석구석, 심장으로부터 멀리 떨어진 손끝과 발끝까지 스며들게 되는 것을 느끼게 된다.

신기한 것을 보게 된다. 나에게 흘려보내신 그 온기가 나를 통해 너에게 흘러 가고 있었다. 그런데 더욱 신기한 것은 내 온기는 결코 빼앗기는 것이 아니었다는 것이다. 나는 내 온기를 너에게 흘려보낸다. 너는 나에게 한기를 흘려보낸다. 너는 한기를 잃는다. 그러나 나는 온기를 잃지 않는다. 너에게 온기를 흘려보낼수록, 오히려 나는 온기에 더욱 가까워지고 있기 때문이다. 그렇기에 한기를 마땅히 품을 수 있었다는 것을, 아니 한기를 품는 것이 내 온기를 더욱 강하게 느끼게 한다는 것을 깨닫게 된다. 그렇게 온기에 급급했었다. 따뜻함에 갈급했었다.

사람들이 따뜻하다고 여기는 것들을 살펴보고, 그 옆에 가보았다. 결국 그런 사소한 온기 옆에 섰을 때 단지 미지근한 정도밖에 이르지 못하게 했다. 나의 한기를 그것들은 가져가지 않았다. 단지 사소한 온기를 나눠주고 나의 한기를 쳐다보지도 않았다. 그냥 사소한 미지근함에 불과한 상태에 머무르게 만들 뿐이었다. 이제는 관계를 통해 참된 온기를 향한다. 그 관계를 제정하신 분이 뜻하신 방향을 따라 나의 한기를 취하시고 그분의 온기를 조금씩 느끼게 하심으로, 감당하지 못할 뜨거움 속으로 조금씩 걸어오게 하신다. 결국 온기에 대한 고찰은 한기를 바라보는 관점까지도 변화시키는 자리에 이르게 만들었다. 한기란 결국 온기를 느낄 감각이 나에게 있다는 것을 알려 주었다. 나는 따뜻함을 느낄 수 있는 사람이었다는 것을 소리치고 있었다는 것을 듣게 된다.

나는 살아 있는가? 다시 처음 시작한 그 질문 앞으로 돌아온다. 그렇구나, 살아 있었다. 더 따뜻한 온기를 바라보고 있었구나. 더 온전한 온기를 품고 계신 그분을 추구하고 있었구나. 그 가운데 모든 한기들이 결국 온기를 느끼는 감각들을 더욱 자극하고 있었다. 내가 품고 있는 한기는 결국 온기를 향한 추구였다는 것을 깨닫게 된다.

나를 넘어선 고찰을 이어 선다. 나의 어깨에 올라선다. 온기를 주는 관계, 나는 내 조그마한 온기를 흘려보내고 있는지에 대해서 생각해 본다. 누가 나에게 그렇게 생각하라고 이끌지 않았음에도, 누군가 부추기지 않았음에도 불구하고 자연스럽게 나의 모든 관계들을 되돌아보게 된다. 나와 너 사이에서의 나에 대해서⋯. 나는 한기를 주목하지도 않고, 내가 이전에 추구했던 그런 모습으로 단지 미지근한 상태로 만들고 있지는 않은가? 내 안에 근원적인, 근본적인 온기가 없다는 것을 그렇게 분명하게 앎에도 불구하고 왜 내 온기를 흘려보내 주려 하는 것인가? 나는 누구로부터 온기를 받은 것인가? 그분으로부터 받은 온기가 어떻게 내 소유인가? 살리는 온기를 마땅히 흘려보내 주는 것, 그것이 온기를 받은 자의 합당한 삶이 아닐까?

온기는 곧 생명의 박동이다. 온기는 곧 살아 있다는 것이다. 온기는 생명의 활기가 그 속에 있다는 것이다. 온기는 결코 소유라는 개념에 갇힐 수 없다는 것을 나에게 분명하게 이야기한다. 관계 속에서 온기를 대하는 나는 결코 온기를 나의 소유라 여겨서는 안 될 것이다. 그렇게 온기를 삶에서 살아내는 태도와 모습에 대해서 나에게 이야기했다.

마지막으로 온기에 대한 고찰이 품게 한 조그마한 소망이 있었다. 온기의 확장을 보고 싶다. 살아 있는 존재들을 만나고 싶다. 그들과 교제하고 싶다. 더 나아가서 온기 자체이신 그분과 교제하고 싶다. 더 포근한 그 온기에 푹 잠겨, 생명의 향연을 누리고 싶다. 갈망이다. 도저히 이 세상에서 채워질 수 없는 갈망이었다. 그러나 단순한 희망 고문은 아니었다. 고대함이 있다. 여기서 완전히 누리지 못할 것이라는 절망보다는 그때 누리게 될 것이라는 거대한 소망이다. 가장 조그마한 자가

품을 수 있는 가장 거대한 확신이었다. 마주하게 되는 온기의 그림자들 속에서 참된 온기를 더욱 바라보게 되는 것. 그런 내가 되기를, 그런 네가 되기를, 그런 너와 나들이 함께 모여 우리라는 공동체가 되자는 것. 그분이 그런 우리로 세우신 교회가 되자는 것이다. 그 참된 온기는 결코 참된 온기를 추구하는 너와 나를 멀리하지 않으시니, 그 참된 온기로 더 가까이 다가올 수 있도록, 조그마한 온기들로 더욱 나를, 너를, 우리를 따뜻하게 품어가시는 그 분을 바라본다.

세 분이신 한 분이 얼마나 따뜻하실까? 가장 완전한 온기로 가장 완전한 따뜻함의 향연을 누린다는 것은 내가 누린 조그마한 온기들로 누린 푸근함과는 결코 비교할 수 없을 것이다. 이 조그마한 온기로 누리게 하신 것들도 이렇게 포근한데, 그 페리코레시스 안에서의 포근한 교제는 얼마나 아름다울까?

이제는 온기에 대한 고찰을 얼추 마무리해야 할 때가 된 것 같다. 온기에 대해서 이제는 더 이상 생각해 보지 말자고 하는 것은 아니다. 여기서부터 시작된 온기에 대한 고찰이 이제는 인생 속에서 관계를 통해 살아내야 할 때가 된 것 같다는 생각이 너무나도 강하게 들기 때문이다. 여기에 도저히 갇힐 수 있는 온기가 아니다. 관계는 개념이 아니다. 관계는 삶이다. 더 나아가 온기는 삶을 통해서 흐른다. 여전히 미지근함을 푸근함으로 착각하는 한기가 곳곳에 남아 있어 나를 그림자에 만족하게 만드는 순간들이 있지만, 참된 온기를 맛보게 하는 온기들의 존재를 통해서 분별을 배우게 될 것이다. 한 발자국 떼기까지 오랜 시간이 걸렸다. 두려워할 것은 없다. 그 온기를 향해 우리를 부르고 계시니, 그 온기를 흘려보내시기 위해서 더욱 나에게 가까이 다가오셨으니… 멈출 것도 없다. 주저할 것도 없다.

이제는 거대한 확신에 따른 한 발자국을 뗄 수 있을 것 같습니다. 당신의 참된 온기를 추구하며 조그마한 온기 되기를 원합니다. 그저 조그마한 온기가 되면 됩니다. 당신은 한없이 따뜻하고 포근하여 내 모든 한기는 당신을 향해 조그만 손끝과 발끝을 조심스럽게, 담대하게 내밀어 봅니다. 그렇게 살아가려 합니다. 여기 온기가 있습니다.

김재원

하나님과의 더욱 깊은 교제와 사귐을 늘 갈망하며, 부끄럽지 않은 그리스도인으로 살아가기를 소망하는 작은 자이다. 현재 총신대학교 신학과 졸업 후 총신대학교 신학대학원 재학 중이며, 남서울교회에서 청년 1부 새가족들을 섬기고 있다.

수필

가작

광야를 지날 때 원점으로 향하기

윤한나

십자가에 담긴 의미

"무엇이 변치 않아 내 소망이 되며
무엇이 한결같아 내 삶을 품으리.
그 누가 날 만족케 해.
내 영이 쉬며 그 누굴 기다려 내 영이 기쁘리 ♪"

　삶이 힘들거나 정신이 피곤할 때는 CCM 중에 민호기 목사님이 쓴 〈십자가〉라는 찬양을 듣곤 한다. 모태 신앙으로 믿는 가정에서 태어나 선택의 기회(?)도 없이 교회를 나갔기에 찬양은 익숙하다. 어릴 적 아버지가 성가대에서 부를 찬송가를 집에서 연습하면 대여섯 살 된 나는 그 찬양을 듣고 따라 불렀다고 한다. 의미도 모르고 들은 귀동냥으로 그냥 자연스레 읊조렸을 것이다. 그런 아버지가 평생 노름에 중독되어 가정을 힘들게 할 줄은, 광야가 끊임없이 펼쳐지게 될 줄은 미처 몰랐다.

원래 영성이 뛰어났다거나 독실했다기보다는 집안 자체가 광야이니 뭔가 붙잡을 게 필요했다. 그래서 찬양을 듣고 따라 불렀던 십 대 시절에 내가 찾은 방법은 기도였다. 아버지는 월급날도 되기 전에 급여를 당겨 노름으로 날리고, 어머니는 빚을 내어 어렵게 우릴 키우셨다. 두 분이 밤늦게 돈 걱정하는 이야기를 듣고서 그 걱정과 불안이 어린 내게도 전염되었다. 돈이라는 것으로 하루도 마음 편한 날 없이 살아왔다. 그러니 이 땅에서 위로는커녕 하루 연명하느라 고달픈 내게, 십자가는 오히려 소망이 되고 예수님은 피난처가 되어 주셨다. 부모님은 돈 걱정으로 잠 못 들고, 곁에 동생이 잠들면 혼자 무릎 꿇고 간절히 기도했다.

"당신이 살아 계시면 저를 만나 주세요. 그러면 제가 당신을 믿겠습니다."

간절한 기도 때문인지 눈을 감았는데 암흑 대신 뭔가 시뻘건 불덩이가 가슴에 들어온 것처럼 뜨거움을 느꼈고, 감은 눈 속은 온통 시뻘겋게 변했다. 성령님께서 어린 내게 찾아오셔서 임재하셨다고 믿는다. 놀라운 체험이었다. 주일이 되면 부모님 때문에 마지못해 습관적으로 교회에 나가 가만히 앉아 있기만 했는데, 광야를 지나며 피난처 삼아 찾은 주님은 그렇게 내 인생에 적극적으로 개입하셨다.

탕후루 만들기와 '아버지'에 담긴 의미

어려운 집안 형편에도 맏이는 꼭 대학을 보내야 한다는 어머니의 신념 아닌 신념으로 사범대에 진학했다. 중학교 때 공부를 잘했고, 고등학교 때도 큰 문제를 일으키지 않은 탓에 고3 담임 선생님은 사범대를 추천하셨다. 습관적으로 다닌 교회처럼 아무 생각 없이 어른들의 권유에 따라 국어교육과에 진학한 나는 4학년 교생 실습을 앞두고 뜬금없는 결심을 했다. 물론 거기에는 내 나름대로 계산도 있었다.

"아이들을 가르치고 싶습니다."

평소 조용한 성격에 나서는 것을 좋아하지 않던 내가 청년과 청소년부를 담당한 목사님께 말씀드리자 흔쾌히 허락해 주셨다. 사실 청소년부 주일학교 선생님이 되고자 한 것은 목사님께 말씀드린 것과는 달리 주일학교 선생님을 하면 교생 실습이나 앞으로의 사회생활에 도움이 될 것 같다는 이기적인 마음에서 비롯된 것이다. 그러나 나이도 적은 대학생이 스스로 교사가 되겠다고 말하는 경우는 처음이라며 얼마나 좋아하고 격려해 주시던지…. 우여곡절 끝에 시작한 청소년부 주일

학교 교사는 20여 년이 흐른 지금도 계속되고 있다.

가정의 달 5월 지난 주일, 부장 선생님 부부의 기획으로 청소년부 예배를 드리고 2부 순서로 탕후루와 크로플 만들기 행사를 했다. 버너와 냄비, 와플 기계가 있는 선생님들이 준비물을 챙겨오고 과일과 여러 가지 재료를 사서 넉넉히 만들 계획이었다. 시험에 지친 아이들에게 재미도 줄 겸 교회 어르신들과 아동부 아이들에게도 간식 삼아 건넬 겸 3개 조를 짜서 만들기 시작했다. 간식을 만들기에 앞서 담임 목사님은 주기도문에 나오는 '하늘에 계신 우리 아버지'라는 문구에서 영감을 받아 '아버지'에 대해 말씀을 나누셨다.

"아버지는 친근감의 표시로 부르는 호칭일 수도 있지만, 그런 의미를 뛰어넘어 더 깊고 중요한 의미가 담겨 있어요. 여기서 말하는 아버지는 생물학적인 의미보다 견습공으로서 아버지가 하는 일을 물려받아 수행할 의무와 책임을 지는 단어이죠."

단순히 우리가 외롭고 힘들 때 피할 도피처로 부르는 SOS를 뜻하는 게 아니라 아버지 하나님과 아들 예수님의 관계처럼 아버지가 하는 일을 아들도 수행하고 이 땅에서 그분의 뜻과 나라를 이루어 가는 큰 역할을 맡고자 하는 이가 기꺼이 부를 수 있는 말이라는 것이었다. 그냥 혼잣말하듯 한숨 쉬듯 "아버지"하고 내뱉은 적이 한두 번이 아니고 견습공의 자세가 아닌 자녀로서 아버지에게 투정 부리듯, 이런 것 좀 도와달라는 식으로 그 단어를 남발한 나로서는 충격 아닌 충격을 받으며 설교 말씀을 들었다.

'아, 아버지라는 낱말에 이렇게 심오한 뜻이 있었구나. 목사님이 오늘 이 말씀을 안 하셨으면 이런 것도 모르고 그냥 지나칠 뻔했네. 그건 그렇고 이제 아버지라는 말을 내뱉기가 더 힘들겠구나.'

모든 위험을 감수하겠다

"무엇이 변치 않아 내 소망이 되며
무엇이 한결같아 내 삶을 품으리 ♪"

다시 이 찬양의 가사로 돌아와서 변치 않은 것을 묵상해 보면, 예수님의 십자가 보혈과 아들을 아낌없이 죽음의 자리로 내몰면서까지 우리를 사랑하신 하나님의 은혜가 떠오른다. 이 세상은 온통 변하는 것들로 채워져 있다. 지금은 인공지능이 대화형 프로그램으로 발전해서 혼자 지내는 사람들의 말벗이 되기도 하고, 몸이 불편한 사람들을 돕는 수단이 되기도 한다. 지구의 온도는 점점 더 높아져서 곳곳에 자연재해로 인한 재앙이 계속된다. 코로나가 한창 극심했을 때 사이비 종교는 온라인에서 기승을 부려 영혼들을 갉아먹었다.

사람들은 돈이라면 물불 가리지 않고 쉽게 덤벼들어, 정서나 감정 문제로 '묻지마 폭행'도 서슴없이 일어나고 있다. 말세가 따로 없다. 갈수록 영혼은 메말라 가지만, 사람들은 자신의 감정도 영혼도 돌볼 틈 없이 쳇바퀴 같은 하루를 살고 살 뿐이다. 그런 상황 가운데 우리를 위로해 주기는커녕 목사님의 입술을 통해 주일날 전해진 말씀은 '아버지'에 담긴 엄청난 비밀과 의미를 폭로하며 질문을 던진다.

"한나야, 그래도 너 나 믿을래? 양을 칠래? 그리스도인으로 살아갈래? 그래도 너 나를 아버지로 부를 수 있겠니? 여전히 나는 너의 아버지이니?"

말씀을 듣는 시간은 마음이 뜨거워지며 어떤 위험도 감수하겠다, 나는 하나님을 아버지로 계속 부를 것이며 내게 주어진 사명을 꼭 감당하겠다고 다짐했지만, 결코 대답하기 쉽지 않은 질문이었다.

원점, 그곳에서 다시 시작하기

그럼에도 불구하고 지금껏 살아왔던 삶의 방식은 그분 없이 말하기가 어렵다. 나는 어머니의 배 속에서 머리가 아닌 다리 한쪽부터 먼저 세상에 나왔다. 산파가 다른 다리를 찾지 못해 심방 갔던 친할아버지의 기도로 나머지 다리도 붙잡고 나왔다. 그렇게 믿음 좋은 할아버지였지만, 어머니의 상한 심령을 살피지 못했고, 엘리 제사장처럼 아들에게 주의 훈계와 교양으로 가르치지 못했다. 어릴 적 존경의 대상이던 할아버지는 가족의 마음도 위로하지 못하는 안타까운 존재로 거리감이 생겼고, 그 아드님이신 아버지의 무질서는 마음속에 끊임없는 광야를 만들어 놓았다. 터널을 지나면 환한 빛이 나오리라 기대하고 싶었지만, 터널은 쉽게 끝나지 않았다. 그럴 때마다 중학교 때 찾아오신 성령님은 내 속에 들어오신 뒤 끊임없이 어지러운 마음을 보살펴 주셨으리라.

가고 가도 또 원점으로 돌아온 것 같은 막막함이 생길 때 십자가로 돌아간다. 그곳에서 다시 주님을 바라본다. 그리고 이제는 그것을 넘어 '아버지'에 대해 묵상할 차례다. 그분이 지신 그 십자가 사명을 가정 내에서 짊어지고 가겠다고…. 포기하지 않고 종종 멈추고 힘겨워하겠지만 사명을 내던지지 않고 끝까지 십자가를 붙잡고 가야지. 아버지의 견습공으로 그분께서 하신 일을 기꺼이 하자는 심정으로 살아가야지.

물론 아직 부족하다. 모태 신앙이어도, 청소년부 주일학교 교사를 20년 넘게 했어도 내 것을 남에게 주는 게 아직은 아깝다. 시간도 체력도 물질도…. 그런 상태이지만 여기서 끝이 아니기에, 그리스도의 장성한 분량까지 자라고 자라갈 때까지 불같이 임하셨던 성령님께서 포기하지 않으시고 끝까지 붙잡아 주시리라 믿기에 원점, 그곳에서 다시 새롭게 시작할 것이다. 날마다 날마다.

윤한나

학원과 주일학교에서 청소년들을 만난다. 요즈음 감히 한국의 미우라 아야코가 되고 싶다는 큰 꿈이 생겼다. 가장 큰 상처가 가장 큰 별이 되듯이 우리의 상처가 누군가의 치료제가 되길 소망한다. 저서로는 『독서, 나를 깨부수는 망치』(공저, 북포스, 2020), 『(POD)나를 사로잡은 문장들』(부크크, 2023)이 있다.

수필
가작

그녀의 전화

오혜림

"알로? 살라맛스즈브, 자밀라 애제? 칸다이쓰즈?"

몇 달 전, 늦은 식사와 집안일을 마치고 한숨 돌리고 있는데 낯선 번호로 전화가 한 통 왔다. 서둘러 받아 보니 수화기 너머로 익숙한 듯 익숙치 않은 누군가의 목소리가 이국의 언어를 통해 반가움을 마구 표현하고 있었다. '아, 이 언어는!' 생각이 날 듯 말 듯, 그러나 아주 낯설게 느껴지지만은 않는 이 언어는 내 머릿속을 뱅뱅 돌다가 물방울이 터지듯 '톡!' 하고 내 기억을 건드렸다. 바로 그 언어는 내가 대학교를 졸업하자마자 단기 선교 활동을 다녀온 중앙아시아 K국의 언어였다. 나에게 전화를 건 이는 '아이누라'라는 K국 여성으로, 지금으로부터 수년 전, 고등학교 1학년 학생으로서 나에게 한국어를 배웠던 여학생이었다. 많은 세월이 지났지만 변함없이 맑고 명랑한 그녀의 음성은 더없는 반가움을 안겨 주며 그 시절 추억을 떠오르게 했고, 잊고 있었던 현지어의 대한 기억도 소환해 주었다. 앞서 말했던 그녀의 말뜻은 이렇다.

"안녕하세요, 쟈밀라 언니? 잘 지내시나요?"

그래서 나도 이렇게 답해 주었다.

"오바. 맨 작쉬믄. 셴 칸다이쓩? 아즈르 카약따?"

이 말은, "응! 나 잘 지내. 너도 잘 지냈니? 지금 어디야?"라는 뜻이다. '쟈밀라'는 현지에서의 내 이름이었고, 활발하고 활기찬 나에게 가장 잘 어울린다며 그곳 지체들이 지어 준 이름이다. 놀랍게도 내 입에서는 마치 엊그제처럼 현지어를 사용한 것처럼 말이 제법 쏟아져 나왔다. 짧다면 짧고 길다면 길었던 그곳에서의 삶이 헛되지 않았다는 것일까.

나는 사회복지를 전공했고, 대학을 졸업하자마자 약 1년 동안 한국어 교사 자격증 과정 및 단기 선교사 훈련을 받아 중앙아시아 K국으로 떠났다. 그래서 약 2년 반 정도를 현지에서 NGO 단체를 세워 복음 전도를 하시던 선교사님과 함께 스탭이자 목자로 섬겼고, 특별히 대학생 복음 전도를 위한 한국어 교실을 개설하여 운영했다. 그 당시, 중동을 비롯한 중앙아시아의 여러 국가들에서 한국의 위상은 대단했다. 지금의 K컬처, 즉 '한류'라 불리는 한국의 다양한 문화 콘텐츠들이 전 세계적으로 상당한 영향력을 행사하고 있는 것처럼 당시 〈대장금〉이나 〈겨울연가〉와 같은 한국 드라마들의 영향력은 매우 컸던 것이다. 그래서 한국어 교실을 열었을 때 호기심 반, 한국어를 배우겠다는 열정 반으로 꽤 많은 학생들이 몰려들었기

에 한국어 교실은 현지 학생들에게 다가갈 좋은 복음의 통로
가 되었다. 아이누라도 그때 만나게 된 친구다.

　평균 고도 2,750m가 넘는 지형에 내리쬐는 강렬한 햇빛과
내륙 지방의 매서운 겨울바람에 노출되어 가을 사과마냥 새빨
갛게 튼 볼을 하고, 머리를 양 갈래로 곱게 땋아 늘어뜨린 모
습을 한 채 센터에 나타났던 그녀의 첫 모습이 생각난다. 눈
을 반짝이며 이것저것 쉴 새 없이 묻고 새로운 세계의 이야기
를 들으며 즐거워했던 호기심 맑고 밝은 소녀. 아이누라는 함
께 한 지 얼마 안 되어 복음도 받아들여 예수님을 그녀의 삶의
주인으로 영접했다. 이슬람교도였던 부모와 친척들의 핍박이
있었음에도 불구하고 쉽게 굴하지 않고 예배와 모임에 참여하
기를 힘썼다. K국 역시 여느 중앙아시아 국가들과 마찬가지
로 대대로 이슬람 국가로 역사를 이어온 곳이다. 이슬람은 그
들의 국교이자 민족 신앙이며 문화다. 그러하기에 그것을 떠
나 복음 안으로 들어오는 여정은 결코 쉽지가 않다. 핍박과 조
롱, 사회적 폭력과 왕따도 감당해야 하며, 때때로 가족들이나
이웃들에게서 물리적 폭력을 당하기도 한다. 그러나 그녀는
생각보다 잘 견뎌 냈다. 18살이 되어 대학을 타 지역으로 가게
되어 1년 반 만에 이별하게 되기 전까지 그녀는 하나님이 보시
기에, 사람이 보기에도 참 예쁘고 아름답게 잘 성장했었던 것
으로 기억한다. 과연 지금은 어떠할까? 공동체를 떠나 도시로

나간 그녀가 세파에 흔들리지 않고 신앙을 잘 지켜 왔을까? 묻고 싶은 것이 너무도 많았다.

그런 아이누라가 지금 한국에 와 있다고 했다. 알고 보니 그녀의 네 번째 언니가 한국 남자와 결혼하여 청량리 부근에서 살고 있었다. K국은 이슬람권 국가라, 아이는 '신의 선물'이라 생각하여 생기는 대로 낳는 편이다. 아이누라의 형제자매만 해도 7명. 그중에 아이누라는 여섯 번째 아이다. 아이누라에게는 4명의 언니들이 있는데, 위의 세 언니들은 K국뿐만 아니라 중앙아시아 국가들에서 여전히 성행하는 '알라카추', 우리말로 '처녀 보쌈' 내지는 '납치 혼'을 통해 억지로 결혼하여 모두 파경을 맞았다. 그것을 본 넷째 언니는 '나는 절대로 언니들처럼 살지 않겠다'라는 결심을 하며 자동차 사업 문제로 현지 시찰을 온 한국인 남성 사업가와 연애하여 결혼에 성공했다. 그래서 K국을 떠나 한국에 안정적으로 정착을 하게 되었고, 덕분에 아이누라도 이번이 한국을 방문하는 것이 세 번째라고 전해 왔다.

아이누라는 한국에 올 때마다 나를 비롯한 한국 단기선교사 NGO 팀원들이 생각나서 모두의 소식을 백방으로 수소문했지만 도무지 알 수가 없어 속상했다고 했다. 그런데 청량리에서 가까운 근처에서 언니와 시간을 보내던 중, 나와 함께 그곳에서 활동했던 팀원 하나를 정말 우연찮게 만나게 되어 내 연락처를 받아 이렇게 전화를 하게 되었다는 것이다! 그 팀원의 스케줄이 마침 그들 근처에 있었고, 그런 바람에 생각지도 않게 아이누라와 조우하게 된 것이다. 긴 시간이 지났지만, 둘은 서로를 알아봤다고 한다. 이 얼마나 놀라운 일인지! 주님의 특별하신 뜻 같았다. 우리는 이 기가 막힌 '예비하신 우연'에 기뻐하고, 울먹이고, 웃기도 하며 각자가 보낸 수년간의 시절을 정신없이 나누었다. 그리고 K국에서의 짧지만 즐겁고 은혜로웠던 추억도…. 그렇게 한참을 눈물과 웃음 속에 이야기를 나누다가, 그녀는 이윽고 목소리를 나지막하게 낮추며 한 가지 소식을 조심스레 전해 주었다.

"쟈밀라 애제, 이곳 지체들 생각이 가끔 나세요? 저는 지금도 자밀라 애제와 다른 팀원분들이 계셨을 때가 자주 생각이 나요. 아, 그리고… 혹시 C 자매 기억나요? 얼마 전에 C가 러시아에서 도망쳐 왔어요."

"C가? 러시아에서 도망을? 왜?! 아니 근데, 러시아에는 왜 갔는데?!"

'C'라 일컬어진 여성은 나와 함께 활동했던 현지인 목자이자 스탭이었다. 나보다 서너 살 정도가 어린 이였지만 지혜롭고 재기발랄하면서 적극적인 여성이었으며, 내가 현지어를 꽤 능숙하게 할 때 즈음, K국의 문화와 전통부터 시작하여 일상생활 노하우까지 차근차근 가르쳐 준 좋은 선생님이기도 했다. 'C'는 그녀의 이름 뜻처럼 공동체 안에서 '새벽별'같이 빛나는 여성이었다. 그녀의 순수한 신앙은 조용했지만 열정적이었고 공동체 안에서 헌신하며 섬기는 모습으로 드러났다. 그녀가 있는 곳은 항상 밝고 따뜻하고 즐거웠다. 그러나 그러한 모습의 이면에는 가족의 지속적인 빈곤의 상황과 그 빈곤의 압박 속에 이루어지는 가정 폭력의 그늘이 늘 자리하고 있었다. 복음의 은혜와 사랑에 감격하여 주께 헌신하면서도, 현실의 그늘 아래에서 신음하며 힘들어했기에, 언제고 기회만 된다면 그러한 현실로부터 탈출하고 싶어 했다는 것도 알고 있었다. 언젠가 그녀가 기도하다가 울면서 내게 했던 이야기도 기억한다.

"하나님께서는 언제 저를 가족들에게서 벗어나게 해 주실까요? 우리 가족의 문제는 언제 해결될까요? 왜 하나님께서는 저에게 이런 고난이 계속되게 하시는 걸까요?"

그것은 참 답하기 힘든 질문이었다. 그리고 그것을 답하기에는 당시 나도 너무 어렸다. 허나 누가 되었다 한들, 인간에게 고난을 허락하시는 하나님의 뜻을 그 누가 온전히 헤아려 답할 수 있을까. 그녀가 이 문제로 기도할 때마다 우리는 같이 울며 두 손을 모았다.

당시 K국은 경제적으로나 정치적으로나 굉장히 불안정한 시기였기 때문에 대부분의 국민들이 자신들의 고향에서 일정한 일자리 없이 생활고를 겪고 있었고, 러시아를 비롯한 여러 나라와 지역으로 흩어지는 상황이 벌어지던 때였다. 결국, 그녀도 시류에 편승하게 되었다. 지체들이 만류도 하고 설득해 보았으나 소용이 없었다고 한다. 신앙으로도 그 상황을 강건하게 견디지 못하고 한 러시아 군인과 서둘러 결혼을 하여 러시아로 떠났다고 했다. 그러나 드디어 현실을 벗어났다는 기쁨도 잠시, 믿음도, 신앙도, 사랑도 없었던 온전치 못한 결혼 생활 속에서 'C'는 또다시 곤고한 나날을 보냈다. 그러다 남편이 이번 러시아 우크라이나 침공에 장교로 투입되게 되어 장기간 집을 비우게 되자, 몰래 고향으로 도망쳐 왔다는 것이다. 비단 'C'만의 상황이 아니었다. 공동체의 기둥과도 같았던 자매들과 형제들 다수가 살길을 찾아 떠나고, 소수의 지체들만이 모여 새로운 선교사님과 말씀을 붙들고 계속 나아가려고 부단히도 애를 쓰고 있다고 했다. 정말 마음이 아픈 소식이었다.

"그래서… 지금 'C'는, 어디에 있어? 어디 있을 데라도 있는 거야?"

"다행히도 도착한 지역의 어떤 선교사님과 연이 닿아 거처를 제공받고 회복하고 있어요. 그녀가 이곳에 돌아올 당시 몸도, 마음도, 영혼도 많이 지친 상태라 오랜 시간에 걸쳐 회복이 필요할 것 같아요. 자밀라 애제, K국은 여전히 정치적, 경제적으로 불안한 나라예요. 'C'와 같은 이들이 정말 많아요.

그리고 터키의 자본이 이전보다 더 물밀듯이 들어와 가난한 K 국 국민들에게 교육 과정을 무상으로 제공하며 무슬림 교육을 시키고 있죠. 애제가 계셨을 때보다 더 많은 도움과 강한 기도가 필요한 때예요. 하나님께서 은혜를 베풀어 주셔서 이 땅을 붙드시고 회복하심이 절실할 때예요. 애제, 저희를 잊지 말아 주세요. 저는 K국으로 돌아가요. 저는 제 나라를 떠나지 않을 거예요."

아이누라는 이미 K국 수도에서 인터내셔널 선교 단체에서 운영하는 목양자 과정을 마쳤으며, 신학교에 진학하기 위해 교사를 하며 열심히 학비를 모으고 있다고 했다. 그녀의 목소리에는 조국을 향한 사랑과 긍휼의 마음, 그리고 하나님의 강한 구원의 손길과 역사를 바라는 간절한 마음이 가득 담겨 있었다. 그녀는 가슴속에 꼭 눌러 담았던 열망을 토해 내듯 K국을 위한 중보를 몇 번이고 간곡히 부탁하며 조용히 전화를 끊었다. 나는 그러하겠노라는 대답 외에 달리 다른 말을 할 수가 없었다. 마음이 착잡했다. 한때는 그 나라와 민족을 위해 내 인생을 바쳐 헌신하겠노라며 발걸음을 옮겼는데 지금의 나에게 그곳은 어떤 곳으로 남아 있는가 하는 마음이 들었기 때문이다. K국과 그 민족을 향한 하나님의 열망을 품었던 때, 그래서 내게 주어진 것들을 내려놓고 오직 기쁨과 감격으로 나아갔던 그곳이 이제는 정말 한 때의 추억을 그린 곳으로밖에 남아 있지 않은가 하는 죄책감과 회개의 생각들이 나를 가득 채웠다. 가슴이 답답했다.

그러다 문득, 서랍에 모아 둔 그 당시 현지에서 찍었던 사진들이 생각이 났다. 현지인 스탭들이 양털을 누벼서 만들어 준 주머니 안에 고이 감싸서 넣어 놓은 사진들. 그 많은 사진들 가운데서, 나는 내가 운영했던 한국어 수업 사진을 발견했다. 24살의 파릇한 젊은이 하나가 눈을 빛내고 얼굴을 붉게 물들이며 열정을 다해 무언가를 가르치고 있는 사진이었다. 그는 바로 '나'였다. 빔 프로젝트나 화이트보드 하나를 현지에서 공수하지 못해 교구 제작을 일일이 다 해서 테이프로 벽에 붙여 가며 수업을 했던 시간들. 수업이 끝나고 이야기를 나누며 교제할 때, 거절을 두려워하지 않고 복음을 전하며 모임에 오기를 종용했던 권면들. 그때의 열정은 오직 내 수업이 복음의 통로가 되어 이 땅에 복음의 씨앗이 뿌려지고 거두어지기를 바라는 마음으로 가득 차 있었다는 것들이 새록새록 기억났다. 그런데 지금은… 무엇으로 내 영혼과 심장이 차 있을까. K국 뿐만 아니라 지금 내가 살고 있는 조국의 구원을 위해 기도하지도 않고 안일하게 지내고 있는 지금의 삶들이 참으로 부끄러울 뿐이었다.

나는 지금의 이 마음이, 이 깨달음이, 돌이킴이 오늘 하루만의 반성으로 남지 않기를 바라며 모임 때마다 자주 지체들과 함께 눈물을 흘리며 불렀던 찬양을 주께 올려드렸다. 그리고 회개하며 내 삶의 방향을 주의 뜻을 향해 되돌릴 것을 결단했다. 내 조국과 민족을 위해 중보할 뿐만 아니라, 이전에 부어 주신 K국을 향한 주의 마음을 회복하고 그곳을 위해 중보할 것임을….

"크르그즈탄다 쿠트카를라승 쓰의누 자르그 카틀라
(K국에 구원을, 기도의 빛이 임하기를)
크르그즈탄다 알 잘그스 텡이르 잘그스 파드샤 의사 텡이르"
(그는 K국의 유일한 주이시요, 유일한 왕이신 예수 그리스도시라.)

오혜림

보육 교사, 작가, 엄마, 크리에이터 등 다양한 모습을 가진 호기심쟁이이다. 치열한 삶의 현장에서 매일 승리하려고 애쓰면서, 주님께 가장 집중하려는 소망과 노력을 계속 하고 있다. 곧 삶의 큰 변화를 앞두고 있기에 그분의 뜻이 무엇인지 구하고 있다.

수필

가작

새생명 자매 모임

김수현

씨를 뿌리다 - 모임의 시작

여기 주일 1부 예배 찬양팀으로 엮인 세 자매가 모였다. 싱어한 명과 피아노 반주자 한 명, 그리고 기타 반주자인 배우자를둔 한 명은 예배가 끝나면 모여 은밀히 서로의 안부와 임신 준비 진행 상황을 물었다. 모두 1년 이상 임신을 시도한 자매들이다.

회사 생활을 하다가 몸이 상해 4개월가량 일을 쉬며 운동과식단 관리를 할 때였다. 본래 일을 잘 벌이지 않는 내가 하나님께 남몰래 나눈 기도 제목은, 매주 예배가 끝나고 대화를 나누는 자매들과 임신을 준비하는 모임을 만들게 해 달라는 것이었다. 이름하여 '새 생명 자매 모임'.

교회 이름에 '생명'이 들어가는 우리 교회는 하나님의 은혜를 받아 전체 교인의 1/4가량이 청소년 이하 자녀들일 정도로

'생명'이 넘치는 교회이다. 한창 교회를 개척할 때 개척 멤버였던 젊은 부부들이 아이들을 낳아 중학생이 되었고, 그 밑으로 줄줄이 초등부와 유치부, 영유아부와 자모실 멤버가 포진해 있다. 많은 성도 가정에 출산의 은혜가 있었지만, 그중에는 십여 년을 준비하고 기다리면서 어렵사리 아이를 갖게 된 커플도 있었다. 그리고 우리와 같이 30대 초반의 비교적 젊지만 아이를 간절히 소망하는 자매들이 있다.

임신을 하기까지 우리 중 누구도 1년 이상 걸릴 거라고는 예상하지 못했다. 하지만 준비 기간이 길어지자 마음은 초조해지고 다양한 연령의 성도들이 속해 있는 소그룹에서 임신 준비와 난임에 대한 나눔을 하기가 꺼려졌다. 교회 언니들의 조언은 아이가 반드시 생길 테니 걱정하지 말고 믿음을 갖고서 기도하라는 말이 대부분이었다. 아이를 기다리는 비슷한 입장에서 마음을 나누며 함께 기도할 지체들이 간절했다.

장년부에서 막내 격이기도 하고 소그룹과 찬양팀 외 별다른 활동 없이 조용히 교회 생활을 한 내향형 인간인 내가 자발적으로 모임을 모집해 다른 자매들과 나눔을 하고 싶다는 마음이 든 것은 이례적이다. 사실 나와 그 자매들은 코로나바이러스 유행 전에 열린 신혼부부 수련회에서 처음 안면을 트고 대화를 몇 번 나눠 본 게 전부인 사이였다. 그런데 코로나 기간에 대면 예배가 중단되었을 때도 다행히 찬양팀 멤버로서

지속적으로 얼굴을 마주할 수 있었다. 비록 대화 주제는 임신으로 국한되어 있었을지언정, 우리는 민감한 주제를 부끄럼 없이 나눌 준비가 되어 있었다.

그리하여 어느 주일 1부 예배를 마친 후, 용기를 내어 두 자매에게 모임의 취지를 알리고 참여 의사를 물었다. 그들은 내 이야기를 듣더니 흔쾌히 승낙했다. 그래서 우리는 온라인 화상 회의 시스템으로 한 달에 한 번씩 모임을 하기로 정했다.

그런데 예상치 못한 일이 발생했다. 첫 번째 모임을 앞두고 내가 임신이 된 것이다. 임신이 되어 정말 기뻤지만, 한편으론 걱정이 되었다. 오랫동안 기도해 온 모임을 이제 막 시작하려는데 내 임신 사실이 모임에 어떤 영향을 끼치게 될지 알 수 없었다.

'다른 지체들이 낙심하면 어떡하지? 둘의 마음이 힘들다면 나는 빠져야겠다. 그래도 두 사람이 모임을 이어 가면 좋을 것 같아.'

대망의 모임 첫날, 걱정스러운 마음을 안고 심각한 표정으로 자매들에게 내 상황을 솔직히 고백했다. 그런데 정말 감사하게도 내 걱정과 달리 두 자매는 진심으로 임신을 축하해 주었고 내 임신 사실이 오히려 그들에게 소망이 된다고 격려해 주었다. 나는 마음속으로 안도했고, 하나님께서 이 시점에 나에게 아이를 주신 이유가 있을 것이라는 확신이 들었다. 그렇게 새 생명 자매 모임은 배 속의 아이까지 네 명으로 시작했다.

물을 주다 - 은혜를 누림

우리의 모임은 처음 모임을 기획했던 내 설계와 예상을 벗어나 하나님이 이끄시는 모임으로 변해 갔다. 처음에는 기도문 읽기, 삶 나눔과 서로를 위한 중보 기도 같은 기본 형식에 더해, 임신을 준비하는 또래 자매들을 모아 인공 수정이나 시험관 아기 시술을 한 집사님을 초청해 지적으로나 정서적으로 임신을 준비하는 데에 도움이 되는 시간을 갖길 원했다. 모임의 규모나 체계를 더 중시한 것이다. 하지만 모임은 난임 해결 자체에 초점을 두기보다 우리끼리 결속을 다지며 하나님께서 한 사람 한 사람을 어떻게 전인격적으로 성장시키시는지를 함께 지켜보는 방향으로 흘러갔다. 그 과정에서 내 계획을 내려놓게 하셨다.

자기가 생각한 때와 방법이 아니라 하나님이 예비하신 때와 방법이 가장 선하다는 것이 우리 세 명이 얻은 공통된 깨달음이었다. 중학교 교사인 A 자매는 이런 고백을 했다.

"지금까지 살아오면서 대부분의 일을 스스로 열심히 노력해서 이뤄 왔는데 임신만은 내 뜻대로 안 되더라고요. 제 계획과 생각을 내려놓고 하나님께 삶의 주권을 드리겠다는 회개의 기도를 했어요."

목회자 가정 출신에 학창 시절 가정과 학교에서 트라우마를 겪은 B 자매는 암을 앓고 계신 아버지를 위한 가족 기도회를 시작으로 가족 내의 상처가 드러나고 치유되는 과정을 겪었다. 현재 아버지의 건강 상태는 악화되어 가지만 마지막 순간까지 주님 안에서 평안하시길 기도하며 이 땅에서 가족의 연을 넘어 하늘 소망을 구하는 연단을 받고 있다.

나는 엄마로서 한 생명을 품는 일의 무게감을 실감하며 때때로 배 속에 있는 아이가 잘못되면 어떡하나, 과연 하나님이 이 아이를 지켜 주실까 하는 걱정과 의심에 휩싸였다. 그럴 때마다 아이를 품고 키울 때 생기는 두려움과 불안을 하나님께 올려드리는 연습을 했다.

그때 우리 가정에 믿음을 시험하는 일이 생겼다. 남편이 회사에서 퇴직하고 오랜 기간 공부했던 분야인 주식 투자로 전직을 한 것이다. 초반에는 투자 성과가 좋아 기대감에 부풀고 핑크빛 미래를 그렸지만, 시장이 어려워지자 곤두박질치는 통장 잔고를 보며 두려워졌다. 남편은 하나님께 지혜를 구하며 순종하는 마음으로 투자할 때는 잘 되었는데, 교만한 마음이 생기고 수익금이 자기 것이라 생각하자 욕심이 생겨 올바른 판단을 하지 못했다고 고백했다. 다시 심기일전하여 투자를 이어 갔지만 이익금은 물론 원금의 80% 가까이 잃고 나서야 투자를 올스톱 했다. 출산 예정일 한 달 전 일이었다.

남편은 다시 직장을 구하기로 결심했다. 남편의 이직은 그가 전업 투자하며 공동 육아하기를 기대했던 나에게도 받아들이기 힘든 결정이었지만, 공동 육아는커녕 앞으로 우리 세 식구가 먹고살 수 있을지가 보장되지 않았기에 선택의 여지가 없었다.

하나님께 기도했다. 지난 1년의 투자 경험까지도 선하게 사용해 주시길, 우리 세 가족을 먹이고 입히시길, 그런 하나님을 신뢰하는 우리 가정이 되길…. 하나님께서 기도에 응답해 주셔서 다행히 남편은 적성에 맞는 직장으로 이직해 회사를 열심히 다니고 있다. 하나님이 우리 가정에 만나와 메추라기로 공급해 주셔서 집세와 생활비를 감당했고, 주변 지인들로부터 육아용품을 물려받아 비용을 아낄 수 있었다. 생명을 주시는 분도 하나님이시요, 생명을 책임지시는 분도 하나님이심을 경험한 시간이었다.

모임을 하는 동안 각 가정에 힘든 일들이 많았지만 이를 통해 하나님의 일하심과 공동체의 소중함을 경험했다. 다른 가정에 힘든 일이 있을 때 함께 마음 아파하며 기도했고 다음 모임에서 문제들이 어떤 방식으로든 해결되는 것을 보았다. 문제들을 통해 우리는 성장했고 성숙해졌으며, 이 모든 과정을 지켜보는 것은 서로에게 격려와 위로가 되었다. 삶이 버거워 눈물 흘리고 절망한 때도 있었지만 공동체가 있었기에 하나님에 대한 신뢰를 저버리지 않고 믿음의 선택을 할 수 있었다.

새 생명 자매 모임은 아이 출산 전까지 반년 넘게 이어졌다. 한 달마다 있는 산부인과 정기 검진일은 멀게만 느껴졌는데, 새 생명 자매 모임은 금방 찾아오는 것 같았다. 배 속 아기는 모임과 함께 무럭무럭 컸고 임신 막달에 모두의 축복과 함께 모임을 마쳤다.

햇볕을 쬐다 - 성장의 시간

아이를 낳은 후에는 신생아 육아로 밤잠을 설쳐 하루하루 피폐해졌다. 코로나이기도 하고 아이가 어려 두 달 가까이 밖에 나가지 않았고 집에 방문하는 사람도 없었다. 백 일이 지나 아이가 어느 정도 컸을 때는 '먹이기-놀기-재우기'로 반복되는 하루하루가 무료했다. 정서적 지지가 필요함을 느꼈다.

그때 B 자매에게서 다시 모임을 시작해 보지 않겠느냐며 연락이 왔다. 나는 반가운 마음에 얼른 좋다고 답했다. 그렇게 새 생명 자매 모임은 출산 5개월 후 시즌 2로 부활했다. 멤버는 기존대로, 대신 독서 모임으로 형식을 바꿔 우리 집에서 모였다. 모임은 육아로 바쁜 나 대신 B 자매가 이끌었다. 내가 갓난아이를 키우는 동안 A 자매는 휴직 후 인공 수정과 시험관 시술을 시도하고 있었고, B 자매는 마음의 치유를 위해 일주일에 한 번 심리 상담을 받기 시작했다. 놀라운 것은 시즌 2 모임을 시작한 지 얼마 되지 않아 이번엔 A 자매에게 새 생명이 찾아왔다. 시즌이 바뀔 때마다 하나님이 새로운 은혜와 소망을 부어 주셨다.

직접 만나서 얼굴을 보니 나눔은 더욱 풍성해졌다. 우리는 만날 때마다 한 달 동안 모아 뒀던 이야기보따리를 풀어 그간 느꼈던 희로애락의 감정을 털어놓고 하나님의 일하심을 간증했다. 이번 모임은 특히 나에게 큰 위로가 되었다. 모임을 이끈다는 부담을 내려놓은 채, 집에서 아이를 키우느라 외롭고 팍팍한 일상 가운데 자매들과 울고 웃고 떠드는 단비 같은 시간을 가졌다. 아이도 이모들의 방문을 반가워했다.

시즌 2 독서 모임은 우리끼리 하는 삶 나눔을 넘어 공동체를 이루며 다른 사람을 섬기는 삶에 도전을 주었다. 그중 고직한 목사의 《정품 교회》를 읽으며 한 가정의 상처가 공동체의 유익을 위해 쓰이는 사역의 예를 보았다. 정품 교회란 정신적·정서적 약자를 품는 교회의 줄임말인데, 책에 따르면 우리나라 성인의 17개 정신 질환 평생 유병률은 25%나 된다고 한다. 정신적·정서적 약자를 품는 일은 이 시대의 모든 교회가 갖추어야 할 사역이 아닌가 하고 생각했다. 저자는 조울증 아들을 둔 부모로서 늘어나는 정신적·정서적으로 취약한 당

사자의 가족들이 네트워킹하고 적절한 치료와 정서적 지지를 받을 수 있도록 온라인 미디어 사역과 가족 치유 사역을 하고 있다. 문득 우리의 모임도 이와 같지 않을까 생각이 들었다. 각자 홀로 떨어져 도움을 받지 못하고 고립될 수 있는 상황에도 불구하고 함께 모여 마음을 나누고 정보를 교환하며 기도하게 하셨다. 성도들의 필요에 따라 이와 같은 모임이 여러 교회에서 자발적으로 생겨나길 소망하는 마음이 들었다.

김호연 작가의 소설 《불편한 편의점》을 읽고 나서는 크리스천의 섬김이 어떠해야 하는지를 배웠다. 주인공 독고 씨는 알코올성 치매로 기억을 상실하여 신원이 불분명해 일할 수 없게 되자 서울역 노숙자 신세가 되었다. 교회 권사님인 염 여사는 지갑을 찾아준 보답으로 독고 씨를 자신이 운영하는 편의점의 야간 알바생으로 고용하여 돈도 벌고 편의점 안에서 따뜻한 겨울을 보내게 한다. 손님이 끊겨 망할 위기에 처한 편의점에 노숙자 출신 알바생 독고 씨의 출현은 나비의 작은 날갯짓을 일으킨다. 고단한 하루 끝에 편의점을 방문한 손님과 동료 알바생에게 독고 씨는 어느 곳에서도 본 적 없는 환대를 베푼다. 독고 씨의 따스한 응원은 사람들 마음에 작은 변화를 일으키고, 염 여사의 편의점은 많은 사람의 쉼터가 된다. 염 여사가 독고 씨에게 베푼 인애와 독고 씨가 편의점에 오는 사람들에게 보인 환대는 한 사람에게 베푼 진심 어린 관심과 섬김이 사람을 얼마나 변화시킬 수 있는지를 보여 주었다. 아래 문장을 읽으며 크리스천으로서 하나님이 주신 기업인 가정과 직장에서 어떤 모습으로 존재해야 할지 생각해 보았다.

"사장님이야말로 자신이 믿는 신을 닮은 사람인가 보다. 어떻게 내 마음을 미리 알고 살펴주시는 걸까? 이 세계에서 신성을 얻은 자는 의느님이 아니다. 사장님같이 남에 대한 헤아림이 있는 사람이 그러한 자일 것이다."

열매를 맺다 - 배가를 소망하며

문득 애초에 왜 나에게 새 생명 자매 모임에 대한 마음이 생겼는지 떠올려 보았다. 모임에 대한 마음을 받고 사람들을 모은 것은 나였지만 모임이 꾸준히 지속될 수 있었던 것은 다른 자매들이 있었기에 가능했다. A 자매는 특유의 성실함으로 모임에 참여했고, 좋은 마음 밭을 토대로 책을 읽고 느낀 점과 반성을 솔직하게 나누어 주었다. B 자매는 사람들의 고민에 공감하며 자기 경험과 인사이트를 공유하고 위로해 주었다. 이렇게 놓고 보니 각자가 건강하게 자라 가며 서로서로 기여하는 공동체를 이루고 세상에 드러내기 위해 우리가 모인 건 아닐까 하는 생각이 든다.

씨를 뿌리고 물을 준 사람은 우리였을지 몰라도 자라게 하신 분은 하나님이셨다. 우리는 치열히 일상을 살아 냈고 성실히 책을 읽었고 부지런히 모였다. 하나님은 그런 우리에게 신실하게 응답하셨다. 우리가 생각한 방법과 타이밍은 아니었지만 가장 좋은 방향으로 각자의 삶을 이끌고 계신다.

현재는 A 자매의 출산 후 모임이 잠정 중단된 상태이다. 아이가 어느 정도 큰 상태에서 다시 만날 날을 고대하고 있다. 그때는 모두가 아이를 데리고 공동 육아하며 육아서를 읽고 책 나눔을 해 보길 꿈꾼다. 그날이 올 것을 믿음으로 바라본다.

김수현
변화된 정체성으로 이 땅에서 하나님 나라를 살아 내는 MZ세대 그리스도인. 사람들에게 필요한 모임을 만드는 것과 크리스천 육아에 관심이 많다.